HISTOIRES DE LA BIBLE

MW01518835

DAVID

LE BERGER DEVENU ROI

Quitterie **Simon**

Illustrations : Julie **Ricossé**
Dossier : Marie-Thérèse **Davidson**
Collection dirigée par Marie-Thérèse **Davidson**

Nathan

À Claire, la lumineuse.

*Les * dans le texte renvoient au lexique en fin d'ouvrage.*

CHAPITRE 1
L'HUMILIATION

Les hommes étaient écrasés de chaleur.

– D'habitude, les guerres se livrent au printemps, grommela Saül, le roi. Même cela, les Philistins* ne le respectent pas. Maudits soient-ils !

Seul Jonathan, son fils aîné, hocha la tête. Les généraux, à ses côtés, n'entendirent pas distinctement ses paroles mais aucun ne le fit répéter, ils n'attendaient plus la victoire des conseils de leur roi. Or l'ennemi était là. Il campait hors de son territoire, au plus près des terres d'Israël*, menaçant, arrogant, supérieur en nombre et en armes. De l'autre côté de la vallée, sur la colline juste en face, leurs casques, leurs armures et leurs lances réverbéraient l'éclat du soleil comme ces bronzes polis dans lesquels les femmes se mirent. On ne pouvait réellement les observer, sous peine de se brûler les yeux.

– C'est la brume de chaleur qui les démultiplie, répétait Abner, le général en chef de Saül. On dirait une foule, mais c'est une impression.

L'armée d'Israël, elle, n'avait pour armes que ses lances et pour protection, que son seul Dieu*.

Cela faisait quarante jours que les deux armées se défiaient, au cœur de la vallée. Quarante jours que les soldats de chaque camp devaient se battre, mais ne le faisaient pas. Car chaque fois, un homme, toujours le même, sortait des rangs philistins pour réclamer un duel.

Il s'appelait Goliath et tout en lui inspirait l'effroi : son corps recouvert d'écailles métalliques, sa lance qui avait l'épaisseur d'un tronc d'arbre. Sa pointe devait peser six cents sicles[1] au moins. L'homme mesurait environ six coudées[2] et, comme chaque soldat philistin, il portait un casque, des jambières de bronze et une épée en bandoulière. Mais tout, chez lui, était démesuré.

Chaque jour, face à lui, les guerriers d'Israël perdaient leur vaillance. Ils tremblaient et reculaient. Chaque jour, il leur semblait vivre un cauchemar...

1. *Mesure de poids en usage chez les Hébreux d'une valeur variant de 8 à 20 g. 600 sicles représentent au moins 7 kg.*
2. *Mesure de longueur d'environ 45 cm. 6 coudées représentent près de 3 m.*

Soudain, dans un bruit d'avalanche, l'immense armée dévala la pente rocailleuse. Les soldats de Saül n'avaient pas le choix. Ils devaient faire front…

Au campement, Abner interrogea Saül :
– Viens-tu, ô mon roi ?

Ce dernier remua la tête de gauche à droite, le regard perdu dans le lointain. Abner se réjouit intérieurement : il aurait les mains libres pour diriger les manœuvres. Saül s'était montré si imprévisible ces derniers mois. Il était assailli d'angoisses et pleurait le temps où il menait Israël systématiquement à la victoire avec une ardeur jubilatoire. Dieu l'aurait-il abandonné ?

Le général transmit ses ordres. Rien ne valait l'action ! Même sans illusion.

– Les hommes de Siméon et de Juda, postez-vous près du torrent ! Ceux de Gad, d'Asher et de Ruben, rangez-vous plus à l'est ! Ceux de Benjamin[1], avec moi ! Quant aux autres, tous à ma gauche !

Chacune des douze tribus d'Israël, celles du Nord et celles du Sud, avait envoyé ses meilleurs guerriers. Comment Dieu pouvait-il refuser la victoire à ses fils rassemblés ? Mais Abner avait beau habiller sa voix de conviction et de puissance, il n'avait qu'une envie : être ailleurs. Loin de cette plaine à la luminosité trop forte,

1. *Siméon, Juda, Gad, Asher, Benjamin… : noms de quelques-unes des tribus du peuple d'Israël et du territoire occupé par chacune d'entre elles.*

théâtre depuis quarante jours de l'humiliation d'Israël.

L'armée de Saül poussa son cri de guerre et, suivant les ordres d'Abner, se plaça de manière à pouvoir repousser l'envahisseur. Les deux armées étaient désormais face à face.

– Eh, vous ! entendit-on alors dans toute la plaine.

L'air vibra, saturé de chaleur.

– Pourquoi vous êtes-vous rangés en ordre de bataille ? Voulez-vous donc tous mourir ?

Goliath était à nouveau là, tout près. Terrifiant.

– Choisissez donc parmi vous un homme, cria-t-il encore. Qu'il vienne me combattre ! S'il me tue, nous, Philistins, serons vos esclaves. Mais si je gagne, c'est vous, guerriers d'Israël, qui serez nos esclaves.

Bombant le torse, le géant fit saillir ses muscles. Les écailles de son armure frémirent. Crânement, il approcha encore de la ligne ennemie et continua ses provocations :

– Aujourd'hui, je lance un défi à votre armée : envoyez-moi un homme, un seul, que nous nous battions.

Et Israël, à nouveau, fut écrasé de terreur.

Abner, posté légèrement en hauteur, gardait une vue d'ensemble sur son armée. C'est ainsi qu'il aperçut l'intrus qui se faufilait entre les rangs des guerriers. On aurait dit un pâtre, à en juger par son costume.

Il semblait chercher quelqu'un et interrogeait des soldats. L'un d'eux, d'un geste, lui indiqua la position des guerriers de la tribu de Juda. Le jeune homme les atteignit à l'instant où les paroles de Goliath retentirent. Il apparut alors à Abner tel un feu follet circulant entre les statues de sel de son armée pétrifiée… avant que celle-ci ne se mette à refluer. Le général saisit alors son shofar, cette corme de bélier dont le son, lorsque l'on souffle à l'intérieur, rappelle à Dieu de ne pas abandonner son peuple et réveille l'ardeur des enfants d'Israël. Il s'époumona… en vain. Le Seigneur le condamnait-il à regarder cette débâcle les bras ballants ? Une chose cependant l'intrigua : ce jeune berger semblait bien être le seul à ne pas trembler face à l'ennemi.

« Et s'il s'agissait d'un espion… », songea Abner.

Quittant sa position, il chercha alors à rejoindre le garçon, marchant à contre-courant de ses hommes en déroute et les invectivant au passage. Enfin parvenu à la hauteur du jeune homme, il le vit qui tentait de retenir un soldat, puis un autre, leur demandant avec insistance :

– Pourquoi retournez-vous au camp ? Qui est donc cette grosse brute, cet incirconcis[1], qui ose insulter l'armée du Dieu vivant ? Qui vengera Israël ?

Sa voix était si claire et son indignation si vive que,

1. *Homme qui n'est pas circoncis, contrairement aux Israélites. Voir l'article* Circoncision* *dans le lexique.*

malgré l'impasse dans laquelle tous se trouvaient, le général ne put s'empêcher de sourire : l'« espion » était bien un pâtre, presque encore un enfant. Et son attitude était si spontanée, si juste, qu'elle lui fit l'effet d'une onde fraîche. C'était comme s'il se réveillait d'un cauchemar. Oui, l'armée qu'il dirigeait était celle du Dieu vivant ! C'était Lui, en réalité, que défiait Goliath ; de Lui seul dépendait la victoire.

Le général allait aborder l'enfant lorsque trois Judéens[1] fondirent sur lui et, malgré la cohue, le secouèrent :

– David ! Que fais-tu là ?

– Ce n'est pas un endroit pour les gamins ! Ne vois-tu pas que c'est dangereux ?

– Et tes moutons ? Où as-tu laissé le troupeau ?

– Je vous apporte du pain de la part de notre père, répondit le pâtre, et des fromages pour votre commandant. Père m'a chargé aussi de lui ramener un signe prouvant que vous allez bien.

– Du fromage ! Un signe ? ! C'est bien le moment ! s'indigna l'aîné en entraînant son jeune frère par le bras.

– Tu voulais assister au combat, hein, avoue ! insinua le cadet.

– File, dépêche-toi ! chuchota le troisième, poussant

---

1. *Membres de la tribu de Juda.*

le jeune David du manche de sa lance. Que cherches-tu? Un coup d'épée des Philistins? Que le roi Saül te croise et qu'il apprenne qui tu es? Dans les deux cas, je ne donne pas cher de ta peau. Allez, ouste! Rentre au bercail et…

Soudain, il se tut. Il venait d'apercevoir le général Abner. Le jeune David, lui, ne cessait de se retourner sur le géant. Malgré ses frères qui cherchaient à l'éloigner, il continuait d'interroger :

– Vous laissez cet affront impuni? Aucun homme ne vengera donc Israël?

Mais plus personne ne l'écoutait. Seul Abner, désormais, prêtait attention au jeune berger. Il l'observait dans les moindres détails. Séduit par sa candeur et sa vitalité, il eut soudain envie de le présenter au roi Saül.

– Viens avec moi, commanda-t-il au pâtre.

Ses trois aînés se figèrent un instant. Puis, tous ensemble, ils battirent en retraite.

CHAPITRE 2
GOLIATH

Le mugissement des troupes et le cliquetis des armes parvenaient jusqu'aux oreilles de Saül, resté seul au camp. Ils se confondaient avec ceux d'une autre bataille, qu'il vivait et revivait intérieurement si souvent. Si seulement il avait attendu Samuel, cette fois-là, pour que le prophète* procède lui-même au sacrifice* juste avant le combat. Mais était-ce sa faute si ce dernier était arrivé avec un tel retard ? Dans l'attente, face aux Philistins, la panique s'était emparée des soldats d'Israël qui désertaient, les uns après les autres. Or, l'armée de Saül était déjà si frêle et l'ennemi si imposant ! Saül, dans l'urgence, n'avait plus réfléchi ni consulté le Tout-Puissant. Il avait procédé au sacrifice lui-même. Lorsque le prophète était enfin apparu, il avait prononcé ces phrases terribles : « Dieu t'avait donné des ordres. Tu as désobéi. Désormais, Il choisira un autre roi. »

Saül n'avait pas voulu croire à ces paroles et, par la suite, il avait remporté de nouvelles victoires. N'était-ce pas la preuve que Dieu était toujours à ses côtés ?

Mais, une seconde fois, le roi avait désobéi : après que Dieu, par la voix de Samuel, lui eut demandé de détruire entièrement une ville, hommes et biens, Saül, en cachette, avait gardé une partie de ses richesses en guise de butin. Oh, si seulement il était possible, à présent, de revenir en arrière ! Le crâne de Saül résonnait encore des mots du prophète : « Tu as désobéi, encore ! Dieu arrache aujourd'hui ce royaume de tes mains pour le confier à meilleur que toi. »

Depuis, Saül ne se battait plus que pour garder raison. Son dos s'était voûté, son regard, creusé, et de longues mèches retombaient, éparses, sur ses épaules.

– Ô mon roi, je te présente ce garçon, annonça Abner à Saül.

Saül sursauta. Perdu en lui-même, il n'avait pas vu revenir son armée.

– Il se propose pour combattre Goliath.

Le roi haussa un sourcil. Qui était ce gamin ? Était-il tombé si bas que, désormais, même son général en chef se moquait de lui ? Mais Abner semblait sincère et David, se prosternant à ses pieds, déclara :

– Ô mon roi, personne ne doit perdre courage à cause de ce géant philistin. J'irai, moi, me battre contre lui.

Saül observa mieux le jeune garçon qui se tenait en face de lui. Bien bâti, il avait la peau claire, le regard franc, et une abondante chevelure rousse lui recouvrait les épaules.

– Tu n'es qu'un enfant, répondit-il après un silence. Lui, c'est un guerrier.

– Je suis berger, répliqua David. J'ai l'habitude de défendre mes moutons contre les lions et les ours. J'en tue même souvent ! Et je ferai pareil avec ce Philistin qui insulte l'armée du Dieu vivant.

Tout en parlant, David fouillait au fond de la besace qu'il portait en bandoulière. Il en sortit une fronde qu'il fit tournoyer comme pour appuyer ses paroles. Le roi ne put s'empêcher de sourire. Les accents de conviction de l'intrépide le touchaient. Lui rappelaient-ils ceux de son fils Jonathan, si idéaliste parfois ? Ou les siens, à l'époque où tout lui semblait possible ?

Un court instant, le roi oublia ses angoisses. David insista :

– Le Seigneur m'a toujours protégé des griffes

des animaux sauvages. Il me protégera aussi des attaques de cet incirconcis.

Saül haussa les épaules. Il n'aspirait qu'à une chose : fuir à nouveau dans ses pensées. Or il sentait bien que, tant qu'il n'aurait pas accepté, ce drôle de pâtre qui ne cessait d'invoquer Dieu ne le laisserait pas en paix.

– Va donc, répondit le roi avec un sourire. Que le Seigneur soit avec toi.

Puis – peut-être pour tenter d'y croire lui-même ? – il ordonna que l'on prête à l'enfant son propre équipement : un casque de bronze, une cuirasse et une épée. De toute l'armée d'Israël, seuls lui et Jonathan possédaient cela. Des soldats tentèrent de harnacher le garçon, qui vacilla. Non entraîné, entravé, il ne parvenait même plus à marcher. Alors, comme Saül regardait déjà ailleurs, David se délesta de l'arme et des protections avant de reprendre son bâton et sa besace en bandoulière.

Les frères du pâtre, qui n'avaient jamais perdu l'enfant des yeux, se tenaient à l'écart, anxieux. Mais dès qu'il se fut éloigné du roi, ils se précipitèrent vers leur benjamin.

– Ne vous inquiétez pas, les rassura David. Saül ne m'a pas même demandé mon nom.

– Pourquoi t'a-t-il prêté son armure ? Et son épée ? s'étonna l'aîné.

– Parce que je vais combattre Goliath, répondit simplement David.

Ses trois frères restèrent cois… avant d'éclater de rire. Mais, de nouveau, les ordres d'Abner retentirent. Pour la seconde fois de la journée, les Philistins avaient envahi la vallée. Il fallait retourner sur le champ de bataille… Les soldats d'Israël lacèrent leurs carquois au ralenti, les doigts tremblants. C'était une armée battue d'avance. Pourtant, une rumeur progressait dans les rangs :

– L'un d'entre nous s'est désigné pour affronter Goliath !

– Qui ça ?

– Il paraît que c'en est un de Juda.

Certains ricanaient :

– Que Dieu lui vienne en aide !

D'autres jetaient des regards pleins d'espoir du côté des Judéens : si seulement la folie d'un seul pouvait suffire à épargner leur vie à tous ! Les guerriers de la tribu de Juda devinrent l'objet de toutes les curiosités. Qui donc était cette tête brûlée ?

– En avant ! ordonna Abner. Que chacun reprenne sa position !

– File ! intimèrent ses frères à David. Disparais ! Rentre chez notre père. Dis-lui que nous allons bien, et pas un mot de la situation !

Ne serait-ce pas suffisant que le vieil homme perde

trois de ses fils? Faudrait-il rajouter à sa peine la mort du petit dernier?

Mais David, au lieu de leur obéir, courut jusqu'aux premiers rangs de l'armée, avant de bifurquer vers le ruisseau qui coulait au creux de la vallée. Les Philistins ne lui accordèrent pas même un regard. Qu'avaient-ils à faire d'un berger? Leurs casques s'embrasaient dans le soleil du soir. À la lisière du métal, dans l'ombre, leurs yeux ressemblaient à deux trous noirs, tournés vers la petite armée qui leur faisait face et tremblait. Comme à son habitude, Goliath sortit des rangs. Il répéta son invitation lourde de menace :

– Choisissez parmi vous un homme et qu'il vienne me combattre !

David, accroupi près de l'eau, semblait jouer, indifférent, avec les pierres. Il en sélectionna cinq, d'une demi-paume[1] de diamètre environ, il les glissa dans sa besace et ressortit sa fronde, puis il ramassa son bâton de pâtre et s'avança vers Goliath. Ce dernier, interloqué, aboya :

– Dégage, gamin ! C'est un champ de bataille ici, tu te trompes de pâturage. Va donc courir plus loin derrière tes moutons…

David s'immobilisa à quelque distance et fixa le géant dans les yeux.

---

1. *Mesure de longueur de 7 à 8 cm. 1 demi-paume équivaut à peu près à 4 cm.*

– Me prends-tu pour un chien, pour venir vers moi avec ce bâton ? s'énerva celui-ci. Approche donc un peu plus, que je livre ta chair aux oiseaux et aux bêtes sauvages.

– Je suis armé du nom du Seigneur de l'univers ! lança David d'une voix claire. Le Dieu de l'armée d'Israël. Tu l'as insulté. Voilà pourquoi Il va te livrer en mon pouvoir. Je vais te tuer. Puis je te couperai la tête, et c'est moi qui donnerai les cadavres de tous les Philistins en pâture aux animaux.

Goliath partit d'un gros rire, bientôt imité par les soldats philistins des premiers rangs. Puis, à pas lourds, il se rapprocha du berger. Du côté d'Israël régnait un silence de mort.

– Ainsi, continua David, tous les peuples connaîtront la puissance du Dieu d'Israël. Et tous les Israélites rassemblés ici sauront que le Seigneur n'a besoin ni d'épée ni de lance pour accorder la victoire.

Le géant empoigna son arme et avança encore. Il ne riait plus. Il semblait aux soldats de Saül que ses pas ébranlaient la terre. Tétanisés, aucun d'eux n'esquissa le moindre geste.

Le berger laissa choir son bâton et, sans quitter le géant du regard, saisit une de ses pierres. Il la glissa dans la poche de cuir de sa fronde, dont il tenait fermement les lanières dans la main droite. La plus longue dans sa paume, la plus courte entre le pouce et l'index. Puis il fit tournoyer la poche de plus en plus vite.

Enfin, écartant le pouce de l'index, il libéra une lanière et la pierre jaillit en direction de Goliath à la vitesse de l'éclair.

Le géant écarquilla les yeux, il avait compris le danger mais semblait incapable de l'éviter, engoncé dans ses protections métalliques. Lorsqu'il esquissa un mouvement de côté, il était trop tard. Le projectile l'avait atteint en plein front, pénétrant dans son crâne. Goliath s'effondra, face contre terre.

Aussitôt, David courut jusqu'au cadavre et s'empara de l'épée. Il la brandit le plus haut possible… et l'abattit sur la nuque de Goliath. La tête roula. Quelques secondes, les hommes restèrent médusés. Un étrange silence régnait dans la plaine… jusqu'à ce que l'armée de Saül pousse un hurlement de victoire. Les Philistins détalèrent. Les soldats hébreux*, dans un formidable cri de guerre, les poursuivirent au-delà de l'horizon. Lorsque Israël fit enfin demi-tour, les cadavres de ses ennemis jonchaient le sol.

Le bruit de la victoire parvint aux oreilles de Saül bien avant que ne revienne son armée. Lorsque celle-ci atteignit le camp, David marchait au centre des troupes, fêté par tous. Il tenait encore la tête sanguinolente du géant à bout de bras. Dès que le roi l'aperçut, il lui fit signe d'approcher.

– Qui es-tu exactement ? demanda-t-il.

– Je suis le fils de ton serviteur Jessé, de Bethléem, répondit le jeune garçon. Je m'appelle David.

– Reste près de moi, ordonna alors Saül. Israël a besoin de guerriers comme toi.

Le général Abner approuva. Aux côtés du roi, il couvait le jeune héros du regard.

David, lui, se remémorait les conseils que lui avaient glissés ses frères au retour du combat : « Si Saül te propose d'intégrer son armée, réponds que c'est impossible, que père a besoin de toi. Car ce serait de la folie ! Tu dois vivre le plus loin possible de lui. »

Mais on ne discute pas les ordres d'un roi.

CHAPITRE 3
L'AMI

Jonathan attendait David près du ruisseau, laissant traîner sa main dans l'eau fraîche à la nuit tombante. Quel plaisir, après cette journée de touffeur et de combats ! Le jeune homme, âgé de quelques années de plus que David, possédait une constitution plus fine, presque gracile. Retenant d'un geste les mèches sombres qui encadraient son visage, il cherchait sur la berge des cailloux aux formes oblongues et aux rebords tranchants. David lui avait montré comment perfectionner sa technique de tir à la fronde. Puis il lui avait offert la sienne, celle avec laquelle il avait tué Goliath. Depuis, Jonathan ne s'en séparait jamais.

En retour, le prince avait enseigné à son ami le maniement de l'épée. Ce dernier s'était révélé un élève si doué que, souvent, Jonathan lui confiait son arme lors des combats. David, alors, se récriait :

– Elle est à toi ! Elle appartient à la famille royale.

– Oui, mais tu en fais meilleur usage que moi, répondait simplement Jonathan.

La victoire contre les Philistins avait marqué le début de la saison des guerres. Celle durant laquelle l'armée se déplace au gré des batailles, menant une vie nomade. Depuis que le jeune pâtre avait tué Goliath, Saül l'envoyait sur tous les fronts et le garçon avait rapidement trouvé sa place parmi les guerriers. Ils appréciaient tous sa compagnie car, à leurs yeux, David était celui que Dieu aimait et qui portait chance. Certains voulaient lui apprendre l'art de la guerre, d'autres souhaitaient se mesurer à lui dans des combats factices. Il n'était donc pas facile, pour David, de trouver du temps libre pour rejoindre Jonathan, et ce d'autant plus que ses frères le couvaient comme trois mères.

– Cesse donc de parler sans fin au fils de Saül, répétaient-ils à leur benjamin. Moins il en saura sur toi, mieux cela vaudra.

David avait beau réclamer leur confiance – jamais il ne livrerait son secret au fils du roi –, ses trois aînés ne voulaient rien entendre :

– Tu n'es pas assez prudent, David. C'est pour ta sécurité que nous disons cela.

Ce soir-là, la lune ronde était déjà haute dans le ciel lorsque, enfin, David retrouva le prince. Il s'assit à côté de lui. L'eau scintillait. À son tour, il choisit un caillou, puis un autre, et les tendit à Jonathan. Celui-ci remercia et les enfouit précieusement dans la poche de sa tunique.

Les deux amis parlèrent ensuite de mille choses, avant de se taire. Alors, comme souvent lorsque tout devenait calme, David sortit sa lyre de sa besace. Après le repas du soir, il jouait souvent pour la troupe des soldats. Les hommes, harassés, prétendaient que cela leur faisait oublier les blessures de la journée et la peur du lendemain. Mais ce que David préférait, c'était chanter et jouer seul, à l'écart.

Un jour, Jonathan avait surpris son ami au sommet d'une colline, chantant des textes sacrés en n'en prononçant que les voyelles. Jonathan connaissait ce chant. Les hommes de son peuple priaient ainsi depuis toujours. Cette fois-là, David n'avait pas entendu venir Jonathan. Les yeux clos, il souriait, profondément attentif à ce qui se passait en lui. Puis il avait fait silence, longtemps, avant de reprendre sa lyre et d'entonner un chant joyeux et poétique dont, cette fois, il avait fait sonner chaque syllabe. Lorsqu'il avait enfin aperçu le prince, David n'avait pas paru gêné. Rayonnant, il avait confié à son ami qu'il était en train de parler à Dieu.

– De quoi Lui parles-tu ? lui avait demandé Jonathan.

– De ma joie qu'Il soit là, de celle d'être en vie après une bataille. De mon impatience de te rejoindre, le soir… De ma peur de la guerre – Jonathan avait esquissé un geste de surprise – et de ce qui pourrait arriver à mon père âgé alors que je suis loin. De ma propre solitude, parfois.

David s'était arrêté un instant, avant d'ajouter :

– Où que j'aille, Il est là. Il me protège, me console… Dieu est comme un berger finalement.

Puis il avait ri de ses propres paroles et avait recommencé à pincer les cordes en fredonnant :

– Le Seigneur est mon berger, je ne manque de rien. Sur des prés d'herbe fraîche, il me fait reposer…

Jonathan était resté longtemps silencieux, touché par ces confidences. Enfin, il avait demandé :

– Comment sais-tu que Dieu t'écoute ?

– Parce qu'Il me répond, avait dit David simplement. Il murmure en moi Ses paroles, Il me fortifie et m'offre Ses victoires !

Ces mots avaient rappelé à Jonathan le moment où David était revenu au camp après avoir battu Goliath. Les soldats tenaient absolument à le porter en triomphe mais il avait refusé. David ne voulait rien pour lui, et surtout pas la gloire. Il disait que tout venait de Dieu et que tout Lui revenait. Depuis, Jonathan l'avait souvent entendu promettre aux soldats, à la veille d'un combat inégal : «Rien n'est impossible à Dieu.»

Et, chaque fois, les hommes reprenaient courage. Car celui qui affirmait cela avait vaincu Goliath.

Ce soir-là, auprès du ruisseau, Jonathan se remémorait tout cela. Cette confiance en Dieu, dont David parlait, il lui semblait l'avoir toujours ressentie. Était-ce de là que lui venait ce sentiment d'être si proche de son ami ? Soudain il s'assombrit. Si seulement son père voulait, lui aussi, se fier au Tout-Puissant ! Pourquoi le roi était-il toujours angoissé ? Et surtout, comment le libérer de son tourment ?

David effleurait encore les cordes de sa lyre. Jonathan, alors, eut une idée.

– J'ai quelque chose à te demander, souffla-t-il. Accepterais-tu de jouer et de chanter pour mon père ?

En amitié, il n'est pas besoin de tout expliquer. David comprit que Jonathan ne parlait pas des chants qu'il offrait aux soldats. Mais plutôt de ses prières mêlées de poèmes qu'il lui avait offert d'entendre. Jonathan demandait à son ami de parler de Dieu à Saül.

Aussitôt, David se rappela les paroles de ses frères : «Plus tu te tiendras éloigné du roi, mieux cela vaudra.»

Il regarda Jonathan dans les yeux. Ce dernier

ne s'était pas adressé à lui comme un prince à un soldat. Il ne lui avait rien ordonné. Il avait demandé, avec humilité. David savait combien son ami souffrait des sautes d'humeur de son père. Jonathan lui avait raconté, comme on confie un secret, à quel point Saül pouvait passer de l'excitation la plus intense au désespoir le plus profond. David savait aussi qu'à cause de ces maux terribles, Saül ne conduisait plus l'armée d'Israël et ne faisait plus confiance à Dieu…

Alors, il accepta. Un immense sourire éclaira le visage du prince.

À pas lents, les deux amis rejoignirent le campement militaire. Tout était calme. Seuls s'échappaient des tentes quelques ronflements ou des gémissements de soldats qui, dans leur sommeil, se retournaient sur leurs blessures. Jonathan fit signe à la sentinelle : le fils du roi et le vainqueur de Goliath pouvaient rentrer, ils ne seraient pas inquiétés.

CHAPITRE 4

CHEZ SAÜL

La saison des batailles était terminée. Le temps du retour victorieux était arrivé. Les soldats démontaient le campement tandis que Saül écoutait, encore, le chant de David.

Lorsque son fils Jonathan lui avait proposé de la musique pour apaiser ses angoisses, Saül s'était moqué. Puis il avait entendu la lyre et, depuis, il lui semblait que chacune des notes du jeune garçon dissolvait ses idées noires. Aussi ne cessait-il d'appeler David auprès de lui et, si cela avait été possible, il lui aurait ordonné de ne jamais s'arrêter de chanter.

Après de longues heures, toutefois, lorsque le musicien

le quittait, Saül se sentait plus libre, soulagé… Au point qu'il lui arrivait parfois de murmurer pour lui-même ces paroles que le pâtre adressait à Dieu :

– Ta bonté et Ton amour m'accompagneront tous les jours de ma vie. Pour toujours, j'habiterai la maison du Seigneur…

Saül avait tellement envie d'y croire ! Il espérait que ces phrases feraient rempart contre la malédiction de Samuel qui ne cessait de tourner dans sa tête, comme ces mouches plates aux piqûres si douloureuses : «Le Seigneur confiera ton royaume à meilleur que toi !»

Une fois les tentes pliées, les mules, les ânes et les chevaux chargés de tout le matériel de guerre, les hommes, regroupés par tribus, étaient prêts à se dissé-miner à nouveau sur le territoire d'Israël pour retrou-ver leurs familles. Chacun avec sa part de butin. Les frères de David attendaient leur benjamin en retrait de la tente royale, la seule encore dressée. Ce dernier rangea sa lyre dans sa besace puis s'inclina devant le roi et le prince Jonathan, venu rejoindre Saül.

– Reste auprès de moi, lui intima alors Saül. Ne rentre pas chez toi. Accompagne-moi à Guibéa. Tu logeras au palais. Ainsi, tu pourras jouer de la lyre et chanter tous les jours pour moi.

David ne sut que répondre. Il ne s'attendait pas à cette proposition. Depuis quelques jours, il se préparait à rejoindre les terres de Juda. Certes, il était peiné de quitter Jonathan, mais les deux jeunes gens s'étaient promis de se revoir, et David se réjouissait à l'idée de retrouver bientôt son père et sa vie de pâtre. Il se souvenait aussi de l'avertissement de ses frères.

Comme il se taisait, Saül ajouta :

– Quoi qu'il en soit, ma garde personnelle ne peut se passer d'un guerrier tel que toi ! Je te confierai mes troupes d'élite et tu te couvriras de gloire. Je l'ai décidé, tu viens à Guibéa !

David, un instant, se sentit perdu, mais son regard croisa celui de Jonathan. Celui-ci ne pouvait s'empêcher de se réjouir : les deux amis n'allaient plus se quitter.

La ville du roi, Guibéa, était en liesse. La nouvelle faisant état des victoires de Saül avait précédé son retour. Les habitants s'étaient précipités au-devant des guerriers. Ils chantaient, dansaient, poussaient des cris de joie… En tête du cortège de l'armée victorieuse venait Saül sur son char. Juste derrière suivaient Jonathan et David. Le prince avait absolument tenu à avoir son ami à ses côtés. Ensuite s'avançaient le général Abner et l'ensemble des soldats de Benjamin[1]. Tous défilaient, fiers, heureux de rentrer chez eux, émus d'un tel accueil. Soudain, un chœur de femmes se fit entendre et leur chant

---

1. *Tribu du roi Saül.*

se faufila jusqu'aux oreilles du roi. Il pénétra son cœur profondément, avant d'y distiller son poison.

« Saül a battu des milliers d'ennemis, chantaient-elles. David en a battu des dizaines de milliers. »

Les unes entonnaient, les autres reprenaient, indéfiniment. Le regard de Saül se voila. Aussitôt, il somma Abner de mettre fin à la parade. Il avait mal à la tête, il avait chaud, ses oreilles bourdonnaient… Il regagna son palais.

– C'est la fatigue de la guerre, ô mon roi, murmurèrent ses serviteurs. C'est la fatigue du voyage…

Tous étaient atterrés de voir Saül revenir si sombre, malgré la victoire.

– Laissez-moi tranquille ! hurla le roi.

David et Jonathan, eux, n'entendirent rien. Le prince était tout à sa joie de montrer sa ville à son ami. De lui faire visiter le palais, de lui présenter sa famille. Mikhal, sa plus jeune sœur, rougit lorsque le vainqueur de Goliath posa sur elle son regard. Jonathan sourit : c'était bien la première fois que sa sœur regardait un homme ainsi…

Le lendemain, Saül ne quitta pas son lit. Aussitôt, David fut appelé à son chevet avec sa lyre. Il entonna un chant. Mais Saül restait obstinément tourné vers le mur. Il avait beau tenter de se concentrer sur les paroles du jeune homme encore si apaisantes la veille, la ritournelle des femmes continuait de résonner dans sa tête : « Saül a battu des milliers d'ennemis, David en a battu des dizaines de milliers. » Et ces mots en appelèrent d'autres : « Le Seigneur confiera ton royaume à meilleur que toi... »

Saül, imperceptiblement, referma son poing sur le manche de la lance qu'il gardait toujours à portée de main. Il serra fort. Puis, se retournant d'un seul coup vers le musicien, il articula d'un ton sourd :

– File !

David, un instant, crut n'avoir pas bien entendu. Il suspendit ses doigts sur les cordes.

– Que dis-tu, ô mon roi ?

– Il y a d'autres batailles, vociféra Saül, d'autres ennemis à abattre qui menacent Israël. Plus sournois que la hyène, plus rusés que le fennec. C'est en tant que guerrier que je t'ai fait venir au palais ! Ne reste donc pas là à jouer...

De ce jour, Saül envoya David le plus loin possible, sur les fronts les plus risqués. Si risqués que, la plupart du temps, le roi interdisait à son fils d'accompagner son ami. Jonathan protestait. Mais Saül était roi et un prince obéit.

– Je tremble pour toi et je me sens si impuissant lorsque tu te bats au loin, murmurait Jonathan à David avant chaque départ.

– Dieu est mon bouclier, répondait David. Il aplanit ma route. Celle où rôdent des hommes de ruse et de sang.

Lors de l'une de ces séparations, le fils de Saül ôta son manteau pour en revêtir son ami. Puis il fit venir ses habits militaires, son épée – insigne royal –, son arc et son ceinturon, et les lui offrit aussi. David refusa : c'était la tenue d'un prince ou d'un roi. Mais Jonathan le supplia :

– Accepte ! Au nom de ton amitié pour moi...

Chaque fois que Saül envoyait David combattre, le jeune guerrier revenait victorieux. Le peuple et l'armée, bientôt, n'eurent d'yeux que pour ce soldat si doué. Le roi, alors, l'expédia sur des champs de bataille qui ressemblaient parfois à de véritables embuscades, espérant qu'un Ammonite ou un Philistin finisse par lui transpercer le cœur ou le crâne...

Saül, désormais, était dévoré de jalousie. Pourtant, il ne parvenait pas à se passer du jeune homme : il avait besoin de sa voix, de sa musique, de son chant... Il lui arrivait donc encore de réclamer sa présence et parfois même d'appeler David «mon fils». Mais le jour suivant, tout ce qui avait trait au musicien lui redevenait insupportable. Même l'amitié que lui témoignait Jonathan. Même les œillades que Mikhal, sa fille, adressait au guerrier...

Saül, très vite, avait compris la nature des sentiments de celle-ci. Il est vrai que l'ancien pâtre, ces derniers mois, s'était remarquablement étoffé et qu'il affichait à présent une belle assurance. Mais la jeune fille avait beau souligner de noir ses yeux taillés en amande et laisser danser sur sa poitrine les boucles de sa chevelure sombre, David ne concevait pour elle qu'un intérêt amical. Cela n'empêcha pas le roi d'imaginer un plan pour se débarrasser définitivement de lui.

Un soir, il envoya Abner dire à David :

– Tu sais combien Saül t'apprécie. Quant à Mikhal, as-tu remarqué la manière dont elle te regarde ? Saisis ta chance ! Tu pourrais devenir le gendre du roi.

David ouvrit de grands yeux. Lui ? Entrer dans la famille royale ? Jamais il n'avait songé à pareille possibilité. N'était-il pas déjà comblé par son amitié avec le prince et la confiance dont le roi l'honorait ? David n'avait jamais voulu voir la malveillance de Saül car, pour lui, rien ne comptait plus que sa loyauté à l'égard de son souverain. Il déclina en rougissant :

– Je ne suis qu'un berger, un soldat insignifiant.

Abner rapporta cette réponse à Saül qui le renvoya à la charge. David se défendit encore :

– Crois-tu que ce soit simple, pour moi, d'épouser la fille du roi ? Quand bien même Saül m'en jugerait digne, jamais je n'aurais les moyens de lui offrir les cadeaux d'usage, ceux qui conviennent à son rang.

– Parfait ! se réjouit Saül quand son général lui répéta ces propos. Réponds-lui ceci : « Le roi tient tant à ce mariage que peu lui importent les cadeaux traditionnels. D'un guerrier tel que toi, il attend cent prépuces[1] de Philistins. Apporte-les-lui. En échange, tu obtiendras la main de Mikhal. »

Abner fut consterné d'avoir à transmettre pareille requête. Comment le roi pouvait-il envoyer un des meilleurs soldats d'Israël aussi froidement à la mort ? Pour une cause qui ne servirait pas même la gloire du royaume ! Car même si David réalisait un tel défi, en quoi le massacre de cent Philistins assurerait-il la sécurité d'Israël ? Mais David, lui, ne vit dans cette proposition que l'honneur qui lui était fait : le roi le voulait comme gendre. Souhaitant se montrer digne d'une telle faveur, il s'inclina devant Abner et courut annoncer la nouvelle à Jonathan.

David partit donc, et revint avec deux cents prépuces de Philistins !

Mikhal l'accueillit, rayonnante. Saül fut obligé de lui accorder la main de sa fille et les angoisses l'assaillirent de plus belle.

---

1. *Membrane qui recouvre l'extrémité du sexe de l'homme quand il n'est pas circoncis.*

Il désirait encore, souvent, la présence du musicien, mais en même temps elle lui devenait de plus en plus insupportable. Toutes ces victoires qui auréolaient son gendre ! Et cette joie, qui l'accompagnait partout ! Comme si rien, jamais, ne devait venir entraver son chemin… Saül en était sûr désormais : celui dont avait parlé le prophète Samuel, celui qui était «meilleur que lui» et à qui Dieu voulait donner son royaume était là, en face de lui : c'était David ! Et il l'avait lui-même introduit dans la famille royale.

Un matin, alors que David chantait à ses côtés, Saül referma son poing sur sa lance une nouvelle fois. Il serra le manche si fort que ses doigts en tremblèrent et, soudain, avec toute la puissance dont il était capable, il projeta l'arme en direction du musicien. David lâcha sa lyre et n'eut que le temps de plonger à terre. La pointe métallique se ficha dans le mur, à un doigt de sa cible…

Le musicien resta figé, les yeux écarquillés. Il ne comprenait pas. Ne voulait toujours pas comprendre. Seuls trois mots franchirent le seuil de ses lèvres :

– Oh, mon roi…

Mais Saül était debout à présent. Le regard tellement noir que le jeune homme se releva précipitamment et s'enfuit.

– Rattrapez-le ! hurla le roi.

Les pas de David résonnaient dans les couloirs du palais. Les gardes restaient immobiles, indécis. Qui devaient-ils rattraper ? Dans quel sens courir ? Vers le roi qui ordonnait ? Ou dans la direction opposée pour rejoindre David qui, sans aucun doute, devait déjà être en train de poursuivre le fugitif ?

Parvenu, hors d'haleine, dans la maison qu'il habitait près du palais avec Mikhal, il raconta tout à sa femme :

– Fuis ! lui conseilla-t-elle aussitôt. Je connais mon père. Ne reste pas ici…

Mais David ne se décidait pas. Qu'avait-il fait de mal ? Que lui reprochait son roi ? Sa place était ici, chez lui. Il tournait en rond et tergiversa jusqu'au moment où sa femme aperçut, de la fenêtre de l'étage, une troupe d'hommes au loin, qui accourait. Alors, sans hésiter, elle déchira en larges bandes les voilages qui ornaient la chambre et les noua les unes aux autres pour en faire une corde. Déjà, des bruits de pas et d'armes résonnaient dans le jardin. Mikhal fixa l'étoffe à la fenêtre et souffla à David :

– Passe par là et cours le plus loin possible. Moi, je vais essayer de les retenir.

Enveloppant une statue d'une peau de chèvre, elle confectionna à la hâte un mannequin qu'elle glissa dans son lit.

Quelques secondes plus tard, les soldats frappaient à sa porte.

– Chut, leur intima-t-elle, mon époux est malade ! Non, il ne peut pas vous suivre, il est au lit. Jugez par vous-mêmes…

CHAPITRE 5
CHEZ SAMUEL

Il faisait sombre depuis plus d'une heure. Courbé au-dessus de la table, à la lueur de la lampe à huile, Samuel, le vieux prophète, finissait d'écosser une poignée de fèves. Un filet d'huile d'olive, quelques graines de nigelle[1], et son dîner serait prêt. Soudain, il entendit des voix à l'extérieur :

– C'est là, disait une femme.

Un homme remercia, et des coups vigoureux furent frappés à la porte. À petits pas, Samuel alla ouvrir et aussitôt, au regard et à la chevelure, il reconnut David.

---

1. *Épice au goût légèrement amer.*

Le jeune homme s'agenouilla aux pieds du vieillard. Ce dernier sourit, ému. Il bénit le nouvel arrivé et le releva. Puis, sans un mot, il lui servit à boire avant d'aller chercher une seconde poignée de fèves. Manifestement, ils seraient deux pour le dîner.

Samuel se remit ensuite à écosser ses fèves, faisant jaillir des gousses, une à une, des perles inégales d'un vert tendre. Quand il eut fini, il nettoya la table et emplit la lampe d'huile. Enfin, il se rassit et planta son regard dans celui de son invité. Un grand sourire éclairait son visage :

– David, fils de Jessé ! Qui, mieux que Dieu, sait les trésors que chacun recèle au fond de lui ?

David, qui jusque-là avait attendu dans le silence, fronça les sourcils. Il n'avait pas vraiment le cœur à louer le Seigneur. Mais Samuel continua :

– Lorsque je suis venu chez ton père, alors que tu étais enfant, Dieu m'avait dit : «Prends de l'huile et mets-toi en route ! Je t'envoie chez Jessé. J'ai choisi parmi ses fils le roi qu'il me faut.» Là-bas, j'ai admiré la taille et la force de tes frères, mais le Seigneur m'a repris : «Ne juge pas à la manière des hommes ! Eux s'arrêtent aux apparences. Moi, je vois au fond du cœur.» Et Il n'a choisi aucun d'eux. J'ai donc demandé à ton père si tous ses fils étaient là et il t'a envoyé chercher. Toi, le petit dernier qui gardait les moutons. Dès que je t'ai vu, le Seigneur m'a ordonné : «Consacre-le comme roi !»

En écoutant le vieil homme, des souvenirs précis s'imposèrent à David. L'huile sacrée se répandant sur sa tête, les visages empreints de respect de son père et de ses frères aux côtés du prophète, la crainte dans leur voix lorsqu'ils avaient demandé :

– Et maintenant, que se passera-t-il si Saül apprend ce qu'il vient de se dérouler ici ?

– Ne parlez de cela à personne, avait conseillé Samuel. Puis l'enfant, à son tour, avait interrogé :

– Et maintenant, que dois-je faire ?

– Rien, avait répondu le prophète. Le moment venu, le Seigneur te guidera.

David ne put s'empêcher de sourire. Il portait aujourd'hui la même interrogation : « Et maintenant, que dois-je faire ? » Tant d'incompréhensions et d'inquiétudes tournoyaient dans sa tête. Que voulait le Seigneur ?

Le fugitif raconta tout à Samuel : Goliath, les guerres, l'humeur du roi, les victoires, l'amitié de Jonathan, son mariage avec Mikhal, le coup de lance…

– Pourquoi Saül veut-il me tuer ? demanda-t-il. Je l'ai toujours servi loyalement et je suis son gendre !

Le prophète se tut, longtemps, avant de répondre :

– Tu es le roi que Dieu a choisi pour Israël.

– Mais pourquoi ? s'emporta David. Pourquoi moi ? Je n'ai rien demandé !

– Tu as été oint[1], c'est la volonté de Dieu.

– Et Saül ! ? cria presque le jeune homme. Lui aussi a été choisi par Dieu !

Il espérait tant que Samuel lui donne le sens de tout cela.

Le vieil homme l'écouta, le nourrit et lui offrit l'hospitalité. David s'apaisa et reprit des forces. Alors, le prophète conseilla :

– Que ta confiance en Dieu soit plus forte que ton inquiétude. Ainsi, tu entendras Sa parole et elle te guidera. Puis il demanda : À présent, que comptes-tu faire ?

David réfléchit. Il savait que ce serait bientôt la fête de la Nouvelle Lune[2] au palais et qu'à cette occasion le roi organisait un banquet. Il y avait été convié, avant ce geste terrible de Saül. Devait-il se rendre à cette fête ? Le roi regrettait-t-il son geste ? Peut-être n'avait-il agi que sous l'impulsion d'esprits mauvais qui le tourmentaient. Pour le savoir, David devait se présenter au banquet. Là-bas, il retrouverait Jonathan et Mikhal… Mais s'il se trompait, c'était sa vie qu'il risquait.

– Je retourne au palais, répondit David.

Et dès le lendemain, le prophète bénit le jeune homme juste avant qu'il ne s'éloigne sur la route de Guibéa.

---

1. *Du verbe* oindre. *Dans ce contexte, verser de l'huile sur la tête de quelqu'un ou en frotter une partie de son corps afin de le sacrer roi.*
2. *Ou néoménie : fête rituelle juive.*

CHAPITRE 6

LA FUITE

Quelle faute, quel crime ai-je commis envers ton
– père? cria David à Jonathan. Si je suis coupable de quoi que ce soit, tue-moi toi-même!

Dans la pénombre, le prince observait son ami. Son
cœur battait fort. David lui avait fait une telle peur en
surgissant d'entre les palmes du jardin. Mais quelle
joie, ensuite, lorsqu'il l'avait reconnu! Il y avait tant de
jours qu'il s'inquiétait pour lui! Bien sûr, Jonathan avait
appris ce qui s'était passé. Mais... son père, vraiment,
avait-il eu la volonté de tuer? Il ne voulait pas le croire!

– Plus doucement, conseilla Jonathan, on risque-
rait de nous entendre. Tu n'as commis aucune faute,

tu le sais. Pour autant, ne te montre pas tout de suite au palais. Attends ! La fête de la Nouvelle Lune a lieu demain, n'y va pas. J'excuserai ton absence auprès de mon père et je tâcherai de connaître ses intentions. D'ici là, cache-toi dans la campagne. Si après-demain tu es sans nouvelles de moi, reviens sans crainte. Mais si mon père a dans l'idée de te faire du mal, je t'en informerai. Je te le jure.

David savait ce que ce serment coûtait à Jonathan. Le prince venait de choisir son camp : celui de son ami, plutôt que celui de son père.

– Comment va Mikhal ? demanda-t-il encore.

– Bien, répondit Jonathan, sans raconter la colère du roi lorsque ce dernier avait appris qu'elle avait aidé son époux à fuir – à quoi bon inquiéter David ?

Les deux amis tombèrent dans les bras l'un de l'autre et David disparut dans la nuit.

Le jour suivant, au banquet de la Nouvelle Lune, la place de David resta vide à la table royale. Saül parut s'en étonner.

– Son père offre un sacrifice à Bethléem, lui raconta Jonathan. David m'a demandé de lui permettre de s'y rendre.

Le roi blêmit, puis se mit à hurler :

– Traître ! Imbécile ! Écoute-moi bien ! Ne comprends-tu pas que tant que ce morveux sera en vie, tu ne seras jamais sûr de régner ? Qu'on me l'amène ici et qu'on le mette à mort !

Jonathan connaissait les égarements de son père. Il conserva son calme.

– Pourquoi devrait-il mourir ? demanda-t-il.

La rage, alors, submergea Saül. À nouveau, il brandit sa lance et, de toutes ses forces, la projeta contre son fils. Par miracle, il manqua sa cible. Un silence de mort s'empara des convives. Les larmes aux yeux, Jonathan se leva et disparut au plus profond du palais, tandis qu'Abner tentait d'apaiser son roi.

Le lendemain, dès l'aube, le prince s'éloigna de Guibéa avec son arc et son carquois. Faisant mine de s'entraîner au tir, courant après ses flèches, il s'enfonça dans la campagne. Scrutant les alentours pour s'assurer que personne ne le voyait, il atteignit enfin la cachette où David l'attendait.

– Fuis, souffla alors le prince à son ami. Va le plus loin possible !

Quel choc pour David ! Désormais, il savait : il ne vivrait plus auprès de Mikhal, ni de Jonathan… Il devenait un fuyard, un proscrit.

– Va en paix, ajouta le prince. Et souviens-toi de notre amitié. Que le Seigneur nous permette d'y rester fidèles !

David, à nouveau, marchait sans savoir où aller.

Samuel lui avait soufflé que la parole de Dieu le guiderait. Mais les questions se bousculaient dans sa tête : Saül avait-il lancé ses troupes à ses trousses ? Combien de temps parviendrait-il à tenir sans armes ni provisions ? La peur étreignait son cœur et le sang affluait vers ses tempes. Comment, dans ces conditions, entendre Dieu ?

Un aigle surgit dans le ciel, puissant et majestueux. Il recouvrit David de son ombre, planant au-dessus de lui. Une supplication, alors, jaillit des lèvres du fuyard :

– Seigneur, protège-moi ! Cache-moi à l'ombre de Tes ailes. Ne permets pas à mes ennemis d'avoir le dessus...

David était terriblement seul et, comme les heures passaient, il sentit une morsure au ventre. La faim le tenaillait. Or, autour de lui, tout n'était qu'aridité. Il évoluait au creux de vallées encaissées, entre des pans de roches ravinées sur lesquels aucun arbre ni aucune culture ne poussaient. L'aigle, soudain, vira vers le sud. Le jeune homme grimpa sur un promontoire pour le suivre du regard et, au loin, aperçut une ville. Nob, sans doute. David, sentant ses forces l'abandonner, décida de s'y rendre.

Il arriva dans des rues désertes, sous un soleil implacable. Les murs de pierres claires des maisons imbriquées les unes dans les autres réverbéraient une lumière aveuglante. À cette heure, hommes et bêtes se terraient. Seul un vieillard sortit pour l'accueillir, un prêtre, qui scrutait le jeune homme harassé avec étonnement et curiosité. Son regard, soudain, s'attarda sur le flot de cheveux roux et un sourire éclaira son visage. Il s'exclama :

– David ! Fils de Jessé, vainqueur de Goliath ! Que fais-tu ici ?

Puis, cherchant des yeux alentour, il demanda :

– Où sont tes soldats ?

Comment le vieil homme aurait-il pu imaginer que le meilleur guerrier de Saül fuyait, seul, traqué ? Et quelle serait sa réaction, s'il l'apprenait ? David avait besoin de boire, de manger et de s'armer. Il ne dit pas tout et inventa un peu… Le prêtre regardait le guerrier avec bienveillance et fierté. Il aurait voulu l'aider, mais ne possédait rien : ni arme de guerre, ni pain ordinaire. Il y avait bien, dans le sanctuaire, quelques pains consacrés[1] et l'épée de Goliath conservée en ce lieu comme trophée, mais la loi interdisait d'y toucher. Pourtant, comment empêcher un jeune homme aussi beau et vigoureux de reprendre des forces ? Comment refuser d'armer le bras qui défendait Israël ? Le vieux prêtre n'hésita plus : il déposa entre les mains de David l'épée et les pains sacrés.

---

1. *Offrande à Dieu interdite aux profanes.*

Dès qu'il fut hors de la ville, le fuyard s'arrêta pour dévorer. Mais à peine son ventre fut-il plein que la morsure se fit plus violente encore. Que venait-il de manger ? Du pain sacré ! Au mépris de la Loi. David, soudain, se sentit misérable.

Par ailleurs, bientôt, on saurait partout qu'il était recherché. Il devait se montrer plus discret. Comme il se sentait seul ! Et indigne, après ce qu'il venait de faire.

– Mon Dieu, hurla-t-il dans le désert, je crie vers Toi. Mais Tu ne me réponds pas. Pourquoi es-Tu si loin lorsque j'appelle à l'aide ?

Mais, incapable de faire taire ses tourments et de tendre l'oreille, David, après avoir crié sa peine, s'enfuit.

Il marcha longtemps, traversant d'est en ouest les terres arides de Juda. Lorsqu'il passait au large de villages, David prenait bien garde de ne pas se faire repérer. Car en ces lieux qu'il avait bien connus, enfant, il savait que ceux qui l'aideraient s'exposeraient à la colère du roi. Aussi se rapprocha-t-il du royaume philistin. Là-bas, Saül n'irait pas le chercher.

Petit à petit, le sol devint plus fertile et les habitations plus nombreuses. Soudain, à la frontière entre les territoires des deux peuples, David aperçut une grotte. Lieu idéal pour disparaître aux yeux des hommes et qui, en cas de besoin, lui permettrait de fuir du côté de Juda ou du côté philistin...

David pénétra dans la cavité rocheuse. À l'entrée, de l'eau coulait le long de la paroi. Assoiffé, le jeune homme en but de longues gorgées au creux de ses mains. Puis, tout au fond de la grotte, dans la pénombre, il enfouit dans le sol sablonneux l'épée de Goliath, fruit de sa victoire et de son mensonge. À la fin, recroquevillé contre la roche, épuisé et honteux, il éclata en sanglots avant de s'endormir profondément.

Les semaines s'écoulèrent. Grâce à sa fronde, David se nourrissait de gibier. Il chapardait des figues, des grenades ou des dattes côté philistin, recueillait quelques gorgées de lait au pis des chèvres côté Juda. Il passait de longues heures à contempler le lever et le coucher du soleil, à penser à son père, à Mikhal, à Jonathan… Il goûtait au silence du jour et aux bruits de la nuit. Il observait, de loin, le passage des troupeaux.

Ainsi, David s'apaisa et sa lyre, sans laquelle il s'était enfui de Guibéa, lui manqua. Avec du bois et des fibres végétales, il entreprit donc d'en fabriquer une nouvelle. Dans le calme et la solitude, tout en sculptant, il s'adressa à nouveau à Dieu :

– J'étais tranquille, berger. C'est Toi qui m'as voulu guerrier. Pourquoi ? Pour le combat, Tu m'emplis de vaillance, et soudain Tu m'abandonnes. Alors j'ai trahi Ta Loi et me voici seul, avec ma honte ! Vivant comme un animal traqué…

Peu à peu, les mots de David se transformèrent en chant, en psalmodie, puis ce fut le silence... À nouveau, le visage du jeune homme rayonnait car il venait de découvrir que Dieu, malgré les pains, malgré l'épée, ne s'était pas détourné de lui. Il abandonna alors son remords et s'enhardit, s'aventurant de plus en plus loin de la grotte. Il se mit à parler avec les bergers judéens...

C'est ainsi que sa famille apprit où il se trouvait. Ses frères le rejoignirent, bientôt suivis par d'autres hommes, de plus en plus nombreux : des maraudeurs qui avaient de bonnes raisons de se cacher ou d'honnêtes hommes qui reprochaient à Saül de ne plus écouter Dieu. Tous, spontanément, se placèrent sous l'autorité de David et, petit à petit, chacun appela un cousin ou un ami à venir le rallier. Très vite, il ne se passa plus une journée sans que la troupe des rebelles ne s'enrichît d'une nouvelle recrue. Au bout de quelques mois, leur jeune chef se retrouva à la tête de plus de quatre cents hommes.

Un jour, ce furent même d'anciens soldats de Saül qui affluèrent. Choqués par les derniers ordres du roi, ils venaient de déserter et, aussitôt, ils assaillirent David de sinistres nouvelles :

– Saül, après que tu eus quitté Guibéa, a donné ta femme, Mikhal, en mariage à un autre ! annonça un dénommé Éléazar.

David blêmit.

– Nous arrivons de Nob, enchaîna Joab, son compagnon. La ville où tu t'es ravitaillé. L'ayant appris, Saül s'est rendu là-bas, avec son armée. Il a rassemblé les prêtres sur la place et a ordonné de tous les exécuter.

– Ainsi que tous ceux qui vivaient dans la ville, jusqu'au bétail ! ajouta un troisième.

– Mais le vieux prêtre qui m'a aidé ignorait que je n'étais plus au service du roi ! s'écria David abasourdi. Il était innocent !

– C'est ce qu'il a expliqué à Saül, précisa Joab. Or il n'a rien voulu savoir et comme l'armée a refusé d'exécuter de tels ordres, c'est Doëg l'Édomite qui s'est chargé de la besogne… Le roi ne respecte plus rien !

La colère et la culpabilité, à nouveau, oppressèrent David. S'éloignant du groupe, il s'enfonça dans la plaine et hurla à pleins poumons :

– Pourquoi ? ! Pourquoi as-Tu laissé faire cela ? Ce massacre d'innocents, à cause de moi ? Et pourquoi permets-Tu que ma femme soit livrée à un autre ?

Le sang bouillait à ses tempes. David ramassa une pierre au sol et, de toutes ces forces, la projeta au loin avec rage.

Les semaines suivantes, David ne cessa d'interroger Dieu :

– Qu'est-ce que Tu attends de moi ?

Chaque jour, il quittait le camp avec sa harpe. Dans la solitude, il guettait Sa voix. Pourquoi Dieu ne lui répondait-Il pas ?

Auprès des hommes, heureusement, David trouvait du réconfort. Au camp, il tissa peu à peu quelques amitiés, avec Joab et Éléazar notamment, les deux anciens officiers de Saül qui l'aidaient désormais à diriger ses hommes. Souvent, ils restaient à discuter tard, le soir, et David les faisait parler de Jonathan, auprès de qui ils avaient combattu autrefois. Une nuit, alors qu'Éléazar s'était endormi, il demanda à Joab, le plus âgé des deux, des nouvelles de Mikhal.

– Elle a erré longtemps dans le palais après ta fuite, expliqua l'ancien soldat, mais aujourd'hui, elle a un enfant de son nouveau mari.

David se pinça les lèvres jusqu'au sang. Joab lui posa la main sur l'épaule :

– Oublie-la, conseilla-t-il. Je sais combien c'est rude, mais dis-toi qu'elle a trouvé la paix à présent.

David secoua la tête en silence. Il en voulait à Saül pour cette humiliation.

Quelque temps plus tard, alors que David, sa lyre à la main, regagnait la grotte, une douzaine de ses compagnons se précipitèrent vers lui, parlant tous la fois :

– David, David ! Les Philistins sont à Qeïla ! Ils assiègent la ville !

– Ils l'affament !

– Et pillent les alentours !

– Allez donc dire cela au roi ! maugréa leur jeune chef en se détournant. Peut-être fera-t-il ainsi un meilleur usage de son armée !

Joab, qui se tenait près de son ami, lui souffla :

– Je comprends ta rancœur, mais si toi tu n'agis pas, qui donc le fera ? Les habitants de cette ville sont totalement démunis face aux Philistins. Or tu n'es plus seul, David. Désormais, nous sommes plus de quatre cents derrière toi !

Mais bientôt, le reste de la troupe les rejoignit et nombreux furent ceux qui se récrièrent :

– Attaquer les Philistins ? Qui sont si nombreux ! Et armés jusqu'aux dents ! Vous n'y pensez pas ? !

Troublé, pressé par ses guerriers, David s'éloigna à grandes enjambées. Il lui fallait prier ! Quelques heures plus tard, il revint et, grimpant sur un rocher pour s'adresser à l'ensemble de ses hommes, il annonça avec une assurance nouvelle :

– Nous attaquerons les Philistins !

Des murmures parcoururent le groupe. Alors, leur chef ajouta d'une voix forte :

– C'est Dieu qui donne la victoire ! Peu Lui importe la taille ou l'équipement de l'armée. Souvenez-vous, c'est Lui qui m'a permis de vaincre Goliath. Allez, en route vers Qeïla !

Et Dieu fit ce qu'Il avait promis : en un seul jour, la petite troupe de David remporta une grande victoire.

Le soir même, les habitants de Qeïla et l'armée rebelle sacrifièrent de nombreuses bêtes grasses au Tout-Puissant. Ils prièrent, chantèrent à tue-tête et festoyèrent jusqu'à ce que David se fige soudain et se retranche en lui-même.

Joab s'inquiéta : son chef avait-il été blessé, tantôt, ou était-il malade ?

– Qu'as-tu ? l'interrogea-t-il.

– Rassemble nos hommes et fuyons au plus vite ! répondit David, très pâle. Dieu m'avertit que Saül approche. S'il nous trouve ici, il détruira la ville. Comme il l'a fait pour Nob.

CHAPITRE 7

« TU SERAS ROI »

David était à nouveau en fuite, traqué. Or, le nombre des hommes qui le suivaient ne cessant d'augmenter, il devenait de plus en plus compliqué pour eux de se cacher et de s'approvisionner. Pourtant, malgré l'indéfectible loyauté qu'ils vouaient à leur chef, certains des compagnons de la première heure commençaient à se fatiguer de cette existence nomade et à se languir de leur famille. David, conscient de leur lassitude, cherchait comment mettre fin à cette fuite permanente.

Depuis quelques jours, il avait trouvé refuge avec

son armée de rebelles dans un défilé rocheux, percé de plusieurs grottes.

Un matin, assis autour de quelques braises avec Joab et Éléazar, il soupira :

– Quand Saül cessera-t-il de nous poursuivre, au lieu de protéger Israël ?

Joab leva les yeux au ciel ; Éléazar cracha un noyau d'olive avec mépris quand, soudain, un guetteur cria :

– Des hommes, là-bas ! Ils viennent dans notre direction.

Branle-bas de combat dans le camp ! Tous se précipitèrent à l'entrée du défilé pour scruter l'horizon. Fallait-il fuir ? Prendre les armes ? Le soleil rasant empêchait de distinguer la nature de l'intrusion.

David, Éléazar et Joab s'avancèrent, pliés en deux, jusqu'à un gros rocher d'où ils pourraient observer plus aisément tout en restant cachés.

– On dirait les hommes de Saül, murmura Joab. Mêmes tenues, mêmes lances…

– Difficile à affirmer, d'ici, commenta Éléazar.

– Ils ne sont pas nombreux, reprit Joab.

Une dizaine d'hommes les rejoignirent et s'adressèrent à David :

– Que fait-on, chef ?

Ce dernier se taisait. Immobile, en alerte, il scrutait le lointain, gêné par la luminosité. Soudain, il fit quelques pas à découvert, s'arrêta, hésita, avant de dévaler la pente minérale à la rencontre des nouveaux arrivants. L'un d'eux se détacha du groupe et... courut à son tour à la rencontre de David ! Ses compagnons, médusés, virent bientôt les deux hommes se jeter dans les bras l'un de l'autre.

– C'est Jonathan ! s'exclama alors Joab.

Quels mots choisir lorsque l'on aimerait tout dire à l'ami ? Lorsque les phrases se bousculent et que le cœur déborde de ce que l'on voudrait partager ? David et Jonathan manquaient de temps. Chacun risquait sa vie, à se voir ainsi : les troupes du roi ne devaient pas être loin. Ils peinaient à savourer ces instants, sachant qu'ils devraient vite se séparer sans espoir de se revoir bientôt. En effet, plus rien ne détournait Saül de son obsession : éliminer David.

– Désormais il en est convaincu, expliqua Jonathan. Tu es celui à qui Dieu veut confier le royaume d'Israël. Celui dont Samuel parlait...

– Trouves-tu que je ressemble à un roi ? ironisa David, désignant d'un geste sa tunique trouée. C'est toi qui succéderas à ton père. Je ne suis pas prince !

– David, j'ai la même conviction intime ! insista Jonathan. C'est toi que le Seigneur a choisi. Tu triompheras de tes ennemis et tu régneras sur l'ensemble d'Israël. À présent, je dois rejoindre mon père. Il est tout près, avec Abner et toute l'armée. Ne reste pas là...

Puis il serra son ami dans ses bras et s'éloigna. David suivit des yeux, longtemps, la silhouette de Jonathan.

Le jour même, l'armée des rebelles leva le camp et fuit en direction de la mer Salée.

– Maudites grottes ! jurèrent les hommes en aménageant leurs nouvelles caches. Quand cesserons-nous de vivre comme des bêtes traquées ?

Le soleil était haut dans le ciel. Les hommes de David avaient trouvé refuge contre la chaleur dans les profondeurs des cavités rocheuses. Tous somnolaient. Soudain, il y eut des bruits de pas à l'entrée. Puis, plus rien. David saisit l'épée de Goliath et, accompagné de Joab, Éléazar et une dizaine d'autres, il se dirigea à pas de loup vers le seuil de la grotte. Là, dans la pénombre, se tenait un homme accroupi, de dos, en train de soulager un besoin naturel. David et ses compagnons échangèrent des regards pleins d'interrogations : qui était-ce ? Comment était-il arrivé là ? Était-ce un ami ? Un ennemi ? Le contre-jour empêchait de bien le voir. David, tout à coup, sursauta : il venait de reconnaître Saül ! À son manteau, son port de tête, son épée posée à côté de lui…

– C'est le roi, souffla-t-il à ses hommes.

Était-il seul ? Le groupe de rebelles distinguait bien des bruits de voix… dans le lointain. Saül était donc à leur merci : seul, ignorant tout de leur présence.

Une lueur féroce éclaira le regard des compagnons de David.

– Dieu Lui-même te livre ton ennemi, lui chuchota Joab.

– Vas-y ! l'encouragea Éléazar. Traite-le comme il le mérite.

David s'avança, léger et silencieux. Il tira son épée du fourreau. Les autres se dissimulèrent derrière des rochers, de manière à ne rien perdre de la scène. Leur jeune chef effleura de la pointe de son arme le dos du roi. Ils retinrent leur souffle. Mais David découpa seulement, discrètement, un pan du manteau de Saül et revint, le morceau d'étoffe à la main.

Ses compagnons, médusés, firent de grands signes à leur chef pour qu'il fasse demi-tour. Qu'il le tue, ce roi ! Qu'il lui tranche la gorge, lui transperce le cœur, ce qu'il voudrait… pourvu que l'on en finisse avec cette vie de misère et de peur ! David eut toutes les peines du monde à entraîner ses hommes vers le fond de la grotte. Là, il s'expliqua :

– Je ne peux pas tuer le roi choisi par Dieu ! Ni me saisir moi-même de la royauté ! Le Seigneur me la confiera peut-être, mais le moment ne m'appartient pas.

Ses compagnons protestèrent, commençant à élever la voix. Éléazar voulait s'emparer de l'épée de son chef pour aller régler lui-même l'affaire. La révolte grondait. Saül allait entendre…

David revint sur ses pas : la silhouette du roi se dissipait dans la lumière extérieure, éblouissante. Il s'élança alors au-dehors en appelant :

– Ô mon roi !

Sa voix ricocha sur les parois rocheuses. Aussitôt, ses compagnons se massèrent à l'entrée de la grotte, dans la pénombre. Cachés, curieux, prêts à intervenir. Saül fit volte-face et dévisagea celui qui l'interpellait. Son visage, soudain, trahit la stupeur, puis la peur : ses troupes étaient loin, David était armé. Le roi porta la main à son épée.

– Regarde ! lui cria le jeune guerrier en lui tendant le pan découpé de son manteau. Aujourd'hui, le Seigneur Lui-même t'a livré à ma merci. J'aurais pu te tuer. Tous ceux qui m'entourent me l'ont conseillé. Pourtant, je ne l'ai pas fait.

Saül regardait le morceau d'étoffe, abasourdi.

– Pourquoi crois-tu ceux qui t'affirment que je veux te nuire ? interrogea David. Ai-je, une seule fois, mal agi contre toi ? Non ! Or, contre qui le roi d'Israël mobilise-t-il son armée ? Contre moi ! Qui t'ai toujours servi…

Saül restait muet.

– Que le Seigneur soit l'arbitre entre nous deux, conclut David, et qu'Il me délivre de tes attaques. Car moi, je ne te ferai aucun mal…

Le roi chancela. Cette voix, n'était-ce pas celle qui,

tant de fois, avait apaisé ses tourments et balayé ses angoisses ? Celle qu'il regrettait encore, parfois ?

– David, mon fils… murmura-t-il.

Il se mit à pleurer.

– Que le Seigneur te récompense pour ta bienveillance aujourd'hui, ajouta-t-il d'une voix sourde. Je le sais : tu seras roi un jour. Sous ton autorité, le royaume d'Israël sera stable…

Et il disparut, pantelant, entre les blocs rocheux.

David retourna lentement vers ses compagnons, stupéfaits par ce qu'ils venaient de voir et d'entendre. Quelques minutes plus tard, tous observèrent l'épais nuage de poussière qui s'élevait dans la plaine désertique : l'armée de Saül s'éloignait. Dès qu'elle fut hors de vue, les hommes de David laissèrent éclater leur joie. Mais le jeune chef restait sombre, troublé par cette étrange entrevue. Joab passa son bras au-dessus de ses épaules.

– L'armée a fui ! s'écria-t-il. Réjouis-toi !

– Ne te méprends pas, soupira David. Je connais bien le roi. Malgré ses belles paroles, je sais que, sous peu, il nous pourchassera à nouveau. Saül est tellement imprévisible, y compris pour lui-même.

– Nos hommes sont las de cette vie de paria, s'énerva Joab. Toi-même…

– Je sais, l'interrompit David. Mais Dieu reste muet.

À moins que je ne L'entende pas… se reprit-il, songeur, avant d'ajouter : Je connais un lieu où Saül ne viendrait pas nous chercher. Un lieu où nous pourrions nous installer et faire venir nos familles.

– Où cela ? interrogea Joab.

– Chez le roi Akich.

– Le Philistin ? s'étrangla son compagnon.

– Parfaitement ! répliqua David d'un ton faussement enjoué. Si je m'y prends bien, je suis sûr qu'il nous offrira l'hospitalité.

Puis, s'éloignant, il murmura dans le vent :

– Seigneur, je suis à bout de forces. Ceux qui veulent ma perte me talonnent. Je T'espère, mon Dieu, mais je suis près de tomber. Ne m'abandonne pas !

CHAPITRE 8
CHEZ LES PHILISTINS

David et ses hommes se rendirent donc à Gath, la ville où régnait Akich, en territoire philistin. Son royaume jouxtait les terres de Juda. Certes, ce roi avait appris l'infortune de son visiteur, mais il ne s'attendait pas à le voir s'incliner un jour devant son trône.

Or, il avait toujours admiré le courage du guerrier hébreu qu'il avait pu observer lors des nombreuses batailles qui avaient opposé son peuple à celui d'Israël. Aussi, une fois la surprise d'Akich passée, David réussit habilement à endormir la méfiance de ce dernier en lui contant par le menu sa brouille irréparable avec Saül. Et le jeune chef hébreu finit par lui demander :

– Ô mon roi, si tu me considères digne de ta confiance, autorise-moi à m'installer dans l'un de tes villages.

– Pourquoi me demander cela à moi ? interrogea encore le Phillistin.

– Parmi les cinq rois de ton peuple, tu es celui dont j'admire le plus l'habileté militaire, lui répondit David. N'était-ce pas ton armée avec, en première ligne, le géant Goliath, qui a tenu tête quarante jours durant aux soldats de Saül ? Voilà pourquoi je serais heureux d'être ton obligé.

Flatté, Akich permit aux guerriers rebelles de s'installer dans un village, à l'extrémité de son territoire.

Les six cents Hébreux purent enfin faire venir leurs familles. Ils cultivaient la terre fertile du pays et s'aventuraient encore parfois, les armes à la main, bien au-delà du village.

Akich, qui appréciait beaucoup ses nouveaux hôtes, venait régulièrement les visiter.

– Alors, demandait-il à David en riant, quels crimes contre Israël avez-vous commis, aujourd'hui ?

Et son protégé, en gage de loyauté, lui racontait dans le détail comment il avait pillé et détruit telle ou telle ville de Juda, depuis le territoire philistin. Akich se réjouissait : jamais son hôte ne pourrait retourner vivre avec son peuple, après une telle conduite.

Mais au bout d'un peu plus d'un an, Akich vint un jour annoncer une grande nouvelle :

– Les autres rois philistins et moi rassemblons nos armées. Nous voulons en finir définitivement avec Israël et avec Saül. J'imagine, ajouta-t-il d'un air complice et entendu, que pour rien au monde tu ne voudrais rater ça.

David, pris de cours, eut bien du mal à cacher son trouble.

– Bien sûr, articula-t-il. Indique-moi ce que je dois faire.

– Prépare tes hommes, répondit Akich, et rejoins-moi à Gath. Nous ferons route ensemble dès demain.

Une fois le roi parti, David se précipita à l'intérieur de sa maison. Là, dans l'obscurité, il enfouit son visage dans ses mains. Ces paroles résonnaient en lui. « En finir avec Israël et avec Saül. Définitivement. » Voilà où sa ruse l'avait mené : il allait devoir offrir à ses ennemis une preuve concrète de sa loyauté. Il ne pouvait s'empêcher de penser à Jonathan. Pour lui, il aurait donné sa vie ! Or, le prince participerait à cette bataille. Jamais David ne pourrait affronter son ami. Il songeait aussi aux soldats qu'il avait si souvent conduits à la victoire. Il imaginait leur stupeur lorsqu'ils le verraient aux côtés des Philistins. Comment échapper à tout cela ? Fuir ? C'était impossible en si peu de temps, alors que désormais ses hommes vivaient ici avec leurs familles.

– Seigneur, viens à mon secours ! murmura David. Tu as entendu mes lèvres flatter Akich. Tu m'as entendu raconter le pillage de mon propre peuple. Mais Toi, tu sais bien que rien de tout cela n'était vrai.

Car toutes ces batailles que David avait si bien décrites à Akich, certes, il les avait menées ; mais contre des villages philistins, amalécites ou guirzites[1]… Et afin que le roi n'en sache rien, il n'avait laissé derrière lui que de la terre brûlée.

Le lendemain, Akich, accompagné de David, rejoignit les quatre autres rois philistins sur le mont Guilboa. C'était là que devait se dérouler la bataille.

David ne pouvait détacher ses yeux des cinq armées réunies. On aurait dit une mer d'hommes qui recouvrait la montagne. Les officiers philistins firent défiler leurs troupes devant les rois. Sans doute espéraient-ils impressionner les Hébreux qui se tenaient sur la colline d'en face. D'ici, on pouvait apercevoir la petite armée et David ne cessait de songer à Jonathan.

Lorsque les soldats d'Akich défilèrent à leur tour, les autres rois philistins découvrirent la troupe des Hébreux en fin de cortège. Stupéfaits, ils demandèrent à Akich :

– N'est-ce pas David à leur tête ? Celui dont on dit : «Il a tué dix mille Philistins» ?

---

1. *Populations vivant entre le territoire philistin et l'Égypte.*

– Celui qui a abattu Goliath, ton géant ?

– Et tu voudrais qu'il combatte à nos côtés ? Tu n'y penses pas, Akich ? !

Le cinquième roi eut beau leur vanter les qualités militaires de David ainsi que la façon dont il avait pillé tant de villages des Hautes Terres, rien n'y fit.

– Qu'est-ce qui nous prouve qu'il ne se retournera pas contre nous, une fois sur le champ de bataille ? Ne serait-ce pas pour lui le meilleur moyen de se réconcilier avec Saül ?

– Je réponds de sa loyauté ! insista Akich.

Mais les autres ne voulurent rien savoir. Profondément déçu, le jeune roi revint vers David.

– Je suis désolé, lui annonça-t-il. Tu dois retourner au village.

Infiniment soulagé, David fuit en remerciant le Seigneur. Il n'avait plus à choisir entre deux trahisons : se retourner contre Akich ou combattre son propre peuple. Déjà, au loin, résonnaient les bruits du combat. David accéléra le pas. Il avait vu la taille des armées des rois philistins, leurs armures et le tranchant de leurs armes...

– Protège Israël, Seigneur, cria-t-il dans le vent, et protège Jonathan !

De retour au village, David alla à la forge. Il avait besoin de s'étourdir, d'oublier, et il n'aimait rien tant que contempler le métal rougeoyant se tordre dans le feu. Il était fasciné par l'habileté du vieux forgeron. Les Philistins, il est vrai, n'avaient pas leur pareil pour le travail du métal. Au point que ceux des villages de Juda, parfois, venaient faire affûter leurs outils chez eux. Le vieil homme forgeait une longue lame.

«Si seulement mon peuple possédait de telles armes…», songeait David, qui ne parvenait pas à éloigner son esprit du champ de bataille.

Les jours suivants, tandis que la guerre faisait rage, David errait dans le village. Il était d'une humeur terrifiante, au point qu'aucun de ses hommes n'osait plus l'aborder. Joab et Éléazar observaient leur chef, de loin, impuissants à le réconforter.

Deux semaines plus tard, pourtant, trois de ses guerriers l'interpellèrent :
– David !
Ils accouraient, manifestement bouleversés. Un étranger les accompagnait, un Amalécite.
– David ! Cet homme a un message pour toi.
L'étranger se prosterna, avant d'annoncer :
– Israël est vaincu, maître ! Tu n'as plus d'ennemi ! Saül a été tué, ainsi que le prince Jonathan et une grande partie de l'armée. L'autre partie s'est enfuie.
David vacilla.

– Comment sais-tu cela ? demanda-t-il d'une voix blanche.

L'Amalécite, espérant tirer profit de la situation, arrangea quelque peu la vérité :

– J'étais sur le mont Guilboa, avec Saül. Les chars et les cavaliers ennemis nous serraient de près. Le roi, affaibli, affirmait qu'il ne pourrait survivre à la défaite et il m'a demandé de lui donner la mort. Alors, je l'ai transpercé de sa propre lance. Tiens ! ajouta-t-il fièrement, extirpant de sa besace un bracelet et la couronne royale. Vois ce que je t'ai apporté.

David, reconnaissant le bijou et la couronne de Saül, crut à son tour être frappé en plein ventre. Une douleur mêlée de colère le submergea. Il déchira sa tunique, en signe de deuil, et d'une voix sourde demanda :

– N'as-tu pas craint de faire mourir le roi choisi par Dieu ?

Le messager, effrayé soudain, recula d'un pas.

– Soldat ! appela David.

Un jeune homme accourut.

– Tue-le ! ordonna le jeune chef hébreu, en désignant l'Amalécite.

Ce dernier recula de quelques pas, épouvanté, mais moins d'une seconde plus tard la terre du chemin buvait son sang.

David s'éloigna alors en direction des collines, laissant sourdre un chant douloureux :

– Pourquoi ?! Pourquoi sont-ils morts, les vaillants guerriers d'Israël ?

« Ne l'annoncez pas à Gath, ne le proclamez pas à Ascalon[1].

« Que les Philistins n'aient pas cette joie.

« Montagnes de Guilboa, soyez privées de pluie et de rosée, car c'est là que sont morts Saül et Jonathan…

« Oh, Jonathan ! Mon frère, mon ami, comme mon cœur souffre, à cause de toi !

La nuit vint, feutrant les bruits. David demeurait sous un arbre, sur la colline. Adossé au tronc, les genoux repliés contre sa poitrine, il berçait son chagrin, épuisé. Ce n'est qu'à l'aube qu'il commença à s'agiter ; il devait rejoindre ses hommes qui allaient s'inquiéter. Saül mort, Israël était dépourvu de chef. Or chacun de ses guerriers avait laissé en territoire hébreu une mère, des frères, des cousins, et les peuples ennemis, alentour, étaient nombreux…

David tourna ses paumes vers le ciel.

– Mon Dieu, implora-t-il, guide-moi. Dois-je retourner sur les terres de Juda ?

Imperceptiblement, alors qu'il avait laissé sa lyre au village, ses doigts se mirent à frapper un rythme, dans le vide… Bientôt un nouveau chant s'éleva sur la colline, dont la tonalité sourde, peu à peu, s'éclaircit.

1. *Gath, Ascalon : villes philistines.*

Lorsque David rejoignit ses compagnons, il les rassembla sur la place du village et, d'une voix assurée, annonça :

– Nous partons pour Hébron !

Quelques heures plus tard, tous quittaient définitivement le territoire philistin avec leurs familles.

CHAPITRE 9
ROI D'ISRAËL

Les douze tribus d'Israël avaient toujours su s'unir contre l'ennemi. Du temps de Saül, en cas de guerre, chacune d'entre elles envoyait au roi ses meilleurs guerriers. Mais de mémoire de Judéen, aussitôt la paix revenue, la rivalité entre les tribus du Sud, dominées par Juda, et celles du Nord, regroupées autour de Benjamin, reprenait le dessus.

Certes, les territoires du Nord étaient fertiles quand ceux du Sud étaient quasiment désertiques. Au Nord s'étendait un lac poissonneux et coulaient les eaux du Jourdain, quand le Sud ne possédait qu'une mer intérieure dont l'eau, saturée de sel, brûlait tout. Pourtant, depuis la mort de Saül, les riches territoires du Nord n'avaient plus de roi, tandis qu'au Sud…

David, le héros qui avait vaincu Goliath et les Philistins tant de fois, était revenu sur ses terres, au sein de la tribu de Juda. Beaucoup de Judéens, mais aussi d'hommes et de femmes d'autres tribus du Sud, avaient fait le voyage jusqu'à Hébron pour acclamer le guerrier et le fêter, avant de le proclamer roi. Les prêtres de la ville avaient fait couler l'huile sur sa tête et tous avaient offert des sacrifices à Dieu.

Aussitôt David organisa son royaume et créa une nouvelle armée. Il y enrôla beaucoup de ses compagnons d'errance et de lutte, et nomma Joab général.

Lorsque Abner, l'ancien général de Saül, apprit cela, il craignit soudain pour son pouvoir et même pour sa vie. Les habitants du Nord n'allaient-ils pas souhaiter à leur tour se placer sous la protection de David, dont les exploits militaires étaient partout célèbres ? Si le nouveau souverain venait à régner sur tout Israël, sans doute se souviendrait-il de la manière dont Abner avait secondé Saül lorsque ce dernier traquait le jeune guerrier. Il n'hésiterait pas alors à le condamner à mort. Ou, du moins, à lui ôter toute autorité militaire.

Abner rappela donc à ceux qui avaient quelque influence dans les territoires du Nord que David était un traître qui avait vécu chez les Philistins et leur avait offert ses services pendant de longs mois. Puis il alla trouver le quatrième fils de Saül, Ichbaal, un homme sans envergure, et il le fit proclamer roi.

La rivalité entre les tribus du Nord et celles du Sud fut exacerbée par cette double royauté. Les généraux de chaque camp – Abner et Joab – brûlaient d'en découdre, chacun estimant que le pouvoir n'appartenait légitimement qu'à son roi.

Une guerre fratricide s'ensuivit, guerre que, petit à petit, les Judéens gagnaient.

Sentant la défaite arriver, et après s'être brouillé avec Ichbaal, Abner décida de jouer son va-tout et se mit en route vers Hébron.

– Le général Abner, annonça un garde du palais à David.

Aussitôt, Joab, qui se tenait aux côtés de son roi dans la salle du trône, porta la main à son épée, une arme au tranchant redoutable ramenée de chez les Philistins.

David lui fit signe de se tenir en retrait. Joab, de mauvaise grâce, recula de quelques pas.

– Je te salue, ô roi, prononça Abner d'une voix assurée, en s'inclinant.

David dévisagea son visiteur, en proie aux émotions les plus contradictoires. Depuis quand ne s'était-il pas retrouvé face à cet homme ? Comme le général avait vieilli ! Comme sa vue lui rappelait ses jeunes années ! C'était lui qui l'avait présenté à Saül et avait permis au berger de devenir guerrier. Mais le jeune roi d'Hébron connaissait aussi les ruses dont cet habile militaire était capable et il se méfiait. Il demanda :

– Que me veux-tu ?

– Conclus une alliance avec moi, répondit Abner sans détour, et je t'aiderai à rallier tout Israël autour de toi.

David connaissait l'influence du vieil homme sur les soldats et sur les Anciens des tribus du Nord. Il ne doutait pas de l'intérêt d'un tel allié. Mais le roi n'était plus le jeune guerrier qui obéissait aux ordres du général et il tint à le lui faire savoir.

– Au préalable, rends-moi ma femme, Mikhal, que j'ai épousée au prix de deux cents prépuces de Philistins ! ordonna-t-il.

Un sourire se dessina sur les lèvres d'Abner : il appréciait les qualités de tacticien du jeune souverain. Cette alliance avec la fille de Saül l'aiderait à convaincre les tribus du Nord d'accorder leur confiance au Judéen.

David, en effet, n'ignorait pas cela. Mais il n'avait surtout jamais oublié sa première épouse, la sœur de son ami Jonathan. Et cela, malgré les années et les nombreux mariages qu'il avait contractés depuis, afin de consolider différentes alliances. Malgré aussi les nombreux fils qui lui étaient nés de ces unions.

Les deux hommes se mirent donc d'accord et Abner

repartit vers ses terres pour y vanter les qualités de David.

Quelques mois plus tard, lorsque le vieux général revint à Hébron, il était porteur de bonnes nouvelles : sa mission auprès des Anciens en faveur de David avait été un succès.

– Le général Abner, annonça-t-on à nouveau dans la salle du trône. Et la princesse Mikhal.

Ému, David se leva pour accueillir sa femme. Quand il voulut saisir sa main, Mikhal se détourna, le visage fermé. Abner l'avait contrainte à le suivre, et, pour cela, à abandonner son second mari et l'enfant qu'elle avait eu de lui.

David fut peiné par la froideur de ces retrouvailles. Mais très vite, il eut fort à faire avec son nouvel allié. L'unification d'Israël requérait toute leur attention.

Or ce rapprochement du roi avec Abner soulevait de nombreuses inquiétudes dans l'armée royale. Joab, tout particulièrement, craignait qu'il ne prenne sa place à la droite du souverain. Aussi, à la première occasion favorable, attira-t-il le vieil homme dans un renfoncement de la muraille, comme pour lui parler confidentiellement. Et là, il le poignarda en plein ventre.

Apprenant cela, David entra dans une colère terrible. Il devait punir ce meurtre. Toutefois, il ne voulait pas se priver de Joab, son ami et son meilleur général…

Il le maudit alors publiquement, en lui déclarant sur la place de la ville :

– Toi seul, avec ta famille, répondras du sang d'Abner devant Dieu !

Et il put ensuite le garder près de lui.

Quelques semaines plus tard, ce fut au tour d'Ichbaal d'être assassiné. À nouveau, David fut profondément contrarié : ce second meurtre, en heurtant les habitants du Nord, risquait de compromettre l'unification d'Israël. Le jeune roi pleura publiquement en répandant des cendres sur sa tête et il jeûna en signe de deuil, démontrant ainsi à toutes les tribus qu'il n'avait pas voulu ces crimes.

Dans le mois qui suivit, les Anciens de chaque clan convergèrent vers Hébron pour dire à David :

– Nous sommes de la même famille. Du temps de Saül, déjà, tu protégeais Israël et Dieu t'avait fait la promesse de diriger un jour l'ensemble de son peuple.

Alors, ils le consacrèrent roi d'Israël en faisant à nouveau couler l'huile sur sa tête. La promesse de Dieu s'accomplissait enfin.

David observait tous ces hommes réunis, venus des quatre coins d'Israël pour se réjouir ensemble, mais soudain, le souvenir de Jonathan l'assaillit. La prédiction de son ami se réalisait. Comme il aurait voulu partager ces heures avec lui ! Comme son absence restait cruelle ! David s'assombrit…

Mais le peuple l'acclamait. Alors il bénit le Seigneur et se promit de ne faire aucune différence entre les différentes tribus d'Israël.

CHAPITRE 10
CAPITALE : JÉRUSALEM

Quelques jours plus tard, le jeune roi décida de quitter Hébron et de se mettre en quête d'une ville qui ne fût ni sur les territoires du Nord, ni sur ceux du Sud. Elle devrait être difficile d'accès pour l'ennemi mais permettre d'atteindre rapidement chaque secteur du royaume. Le choix se porta sur Jébus, une cité située à la limite nord de Juda. De tout temps, ses habitants avaient défié Israël. Leur cité avait la réputation d'être imprenable. Située sur un haut plateau, au carrefour des chemins des caravanes, elle était idéalement placée.

David se mit en route avec son armée. Lorsqu'il arriva au pied de la ville fortifiée, juchée sur un promontoire escarpé, les Jébuséens, retranchés derrière leurs murailles, l'accueillirent avec des quolibets :

– Même des aveugles et des boiteux seraient assez forts pour vous repousser !

– Comment comptez-vous vous y prendre pour entrer ?

David, en contrebas, observait en silence. À quoi bon répondre… Détaillant la forteresse et son implantation stratégique, il comprenait mieux, à présent, pourquoi les Jébuséens restaient insoumis. Mais dès lors, son autorité de roi et sa réputation de guerrier étaient en jeu. Il lui fallait ce lieu !

David installa son camp sur les hauteurs.

Cela faisait deux semaines désormais que David avait désigné une douzaine de soldats parmi les plus habiles et les plus discrets pour aller repérer, les soirs sans lune, les habitudes des gardes de Jébus. Ils devaient aussi étudier les abords immédiats des murailles afin d'y trouver quelques caches. Mais les jours passaient et aucun plan stratégique ne se dessinait. Le temps s'étirait dans cet univers rocailleux saturé de chaleur en dépit de l'altitude. Souvent, le roi s'éloignait du camp, sa lyre à la main… jusqu'à ce matin où il revint plus vite que d'habitude.

– J'ai une idée ! annonça-t-il, rayonnant, à Joab. Tout à l'heure, alors que je cherchais un lieu où jouer à l'ombre d'un rocher, j'ai trouvé la manière dont Jébus s'approvisionne en eau. Écoute-moi bien...

Joab réunit ses meilleurs soldats deux heures avant le moment le plus chaud de la journée, celui pendant lequel le général espérait que les Jébuséens somnoleraient. Il quitta le camp avec sa troupe pour gagner le lieu que David lui avait indiqué. À une demi-heure de marche, effectivement, il découvrit une source. Celle-ci se déversait dans un canal creusé de main d'homme qui, quelques coudées plus loin, disparaissait à l'intérieur d'un tunnel. Joab, accompagné de ses hommes, pénétra dans l'eau glaciale. Suivant le courant, bientôt tous s'enfoncèrent sous terre...

En file indienne, courbés, silencieux, de l'eau jusqu'à la taille, les guerriers progressaient sous le promontoire rocheux en direction de Jébus. Soudain, une lumière aveuglante leur signala la sortie du tunnel. Remontant à la surface, ils se retrouvèrent... à l'intérieur de la ville. À pas de loup, ils filèrent jusqu'à la porte de la cité sans rencontrer de résistance. Là, aux abords des lourds panneaux de bois, juchés sur les remparts, les gardes jébuséens étaient sur le pied de guerre. Ils scrutaient le paysage, cherchant des signes de la présence ennemie hors les murs... Plus silencieux que des félins, les hommes de Joab surgirent dans leur dos et les poignardèrent à mort. La surprise fut si totale qu'il n'y eut aucun cri. Bientôt, la petite troupe des Hébreux put ôter la poutre qui entravait la porte et repousser ses vantaux. L'armée d'Israël qui attendait non loin, cachée, envahit Jébus.

Ce soir-là, avant que l'énorme soleil rouge ne disparût derrière les monts qui enserraient la cité, David fit le tour des remparts, solitaire. Il contemplait cette ville, le cœur de son royaume. D'ici, il pourrait rayonner sur l'ensemble des territoires d'Israël, mais aussi conquérir de nouvelles terres. Il ferait renforcer la citadelle et érigerait de nouveaux ouvrages militaires, il construirait un palais... Cette ville, il la voulait magnifique ! Unique ! Il lui trouverait un nouveau nom.

Tourné vers le couchant, le jeune roi se mit à glorifier le Seigneur et de son chant, soudain, jaillit un mot : «Jérusalem[1]», qui rimait avec *shalom*[2].

»

1. Yerushalaïm *en hébreu ancien.*
2. *Mot hébreu qui signifie « paix ».*

CHAPITRE 11
LE ROYAUME DE DIEU

L orsque les royaumes avoisinants apprirent que l'ensemble des tribus d'Israël avaient consacré David roi, la guerre reprit sur différents fronts. Contre les Philistins, à l'ouest, les Ammonites, à l'est, les Syriens, au nord…

David, avant chaque combat, dialoguait avec Dieu.

Et Israël gagna toutes les batailles.

Grâce à la bénédiction de Dieu et à son armée de métier – grande nouveauté pour le peuple hébreu –, David agrandit son royaume de manière considérable pour y installer la paix.

Il nomma alors une foule d'intendants chargés de faire fructifier les richesses de ses territoires, des scribes pour communiquer avec les peuples voisins et un secrétaire pour parler au nom de son gouvernement. Ses chefs militaires devinrent, en temps de paix, ses conseillers. Israël prospéra.

Comme il voyait l'éclat de son règne ainsi que tout ce que Dieu lui avait accordé, des louanges montèrent aux lèvres du roi. Elles arrivèrent par vagues de plus en plus puissantes. David débordait de reconnaissance envers son Seigneur. Une idée, alors, ne le quitta plus : aller chercher l'Arche d'alliance*, ce coffre contenant les Tables de la Loi*, symbole de la présence divine*. La cité royale deviendrait aussi une cité sainte, signe visible de l'alliance entre Dieu et le roi.

David rassembla ses soldats d'élite, convoqua les prêtres et tous partirent. L'Arche, après avoir accompagné le peuple hébreu durant sa longue marche vers la Terre Promise puis sur chaque champ de bataille, était désormais conservée à Baala, en territoire de Juda. Lorsque David et son cortège y arrivèrent, ils se prosternèrent longuement devant le coffre de bois recouvert d'or, surveillé par deux chérubins faits du même métal précieux. Tous avaient une attitude de respect mêlé de crainte. Car ce signe de la présence de Dieu était si sacré que, depuis toujours, on disait que nul ne pouvait survivre à son contact.

Dès le lendemain, à l'aide de barres de bois, quatre des prêtres chargèrent l'Arche sur un chariot neuf et l'étrange procession prit le chemin du retour.

Au fil des villages traversés, des gens du peuple vinrent se mêler au cortège, manifestant leur joie au son des lyres, des harpes, des tambourins, des sistres, des cymbales… David, qui marchait en tête, exultait. Vêtu d'un simple pagne, il dansait et chantait sans retenue ; de toutes ses forces, de toute son âme, de tout son cœur car Dieu, désormais, habiterait à ses côtés !

C'est ainsi que le cortège parvint à Jérusalem sous les acclamations et les sonneries des trompettes. David y avait fait dresser une tente pour abriter l'Arche. C'était là, dorénavant, que les Hébreux iraient prier le Seigneur.

Lorsque le roi passa, dansant toujours, sous les fenêtres de Mikhal qui observait la scène depuis ses appartements, celle-ci se détourna vivement. Mais son époux, tout à sa joie, n'y prêta pas attention.

Une fois le précieux coffre installé, il offrit des sacrifices à Dieu et bénit le peuple en Son nom. Puis il fit distribuer à chacun une galette de pain ainsi que des gâteaux de dattes et de raisins secs. La ville était en liesse.

Le soir venu, lorsque enfin chacun rentra chez soi, Mikhal surgit dans la chambre où David se reposait.

– Quelle gloire, aujourd'hui, pour Israël! ironisa-t-elle. Son roi s'est donné en spectacle presque nu, dansant avec les servantes et les serviteurs…

– C'est en l'honneur du Seigneur que je dansais, répliqua son époux. Lui qui m'a choisi pour diriger Son peuple, de préférence à ton père. Alors, je recommencerai et m'abaisserai plus encore, car c'est ainsi que je suis glorieux.

Mikhal blêmit et, furieuse, tourna les talons.

Les travaux du palais, entrepris depuis quelques années, étaient enfin terminés. L'ouvrage était magnifique. David emménagea dans sa nouvelle demeure, composée de divers appartements, puis il y installa ses proches et leurs familles ainsi que son administration.

Le roi savourait ce luxe et ce nouveau confort. Mais, au bout de quelques mois, il fit appeler Nathan, un prophète dont il écoutait les avis avec beaucoup de respect, voire de crainte parfois. C'était un homme à peine plus âgé que lui et d'aussi belle stature. Son regard était perçant et sa chevelure, hirsute. Il habitait dans les montagnes environnant Jérusalem et ignorait superbement les manières et le protocole de la cour. Pourtant, dans la ville comme au palais, il imposait à tous une profonde considération. Cet homme parlait au nom du Tout-Puissant.

– Regarde, lui dit le roi, j'habite une maison

splendide. Or l'Arche du Seigneur, elle, n'a pour abri qu'une toile. Je voudrais lui construire un temple. Qu'en penses-tu ?

Le lendemain, le prophète lui fit cette réponse :

– Cette nuit, le Seigneur est venu à ma rencontre, et voici ce qu'Il te déclare : «Je t'ai pris berger et grâce à moi, tu vas acquérir un renom semblable à celui des plus grands rois de la terre. À ta mort, je désignerai l'un de tes descendants pour qu'il te succède. Je l'installerai sur un trône inébranlable et c'est lui qui me construira un temple.»

David resta un instant interdit. Il proposait à Dieu de lui construire un temple, et voilà qu'au lieu d'accepter, Il lui faisait cette incroyable promesse : établir la royauté de sa famille pour toujours…

Bouleversé, le roi courut jusqu'à la tente et là, il se prosterna devant l'Arche d'alliance :

– Seigneur, mon Dieu ! murmura-t-il. Je n'ai rien mérité. Pourtant, Tu veux m'accorder plus encore que tout ce que Tu m'as déjà donné. Bénis ma famille. Réalise tout ce que Tu as promis. Que mes descendants règnent toujours devant Toi et qu'à jamais ils glorifient Ton nom.

CHAPITRE 12

BETHSABÉE

Un printemps nouveau arriva, et avec lui la saison des batailles car la prospérité d'Israël faisait des envieux. Il s'agissait désormais de défendre le royaume et non plus de conquérir de nouvelles terres.

David, cette fois, décida de laisser partir Joab seul à la tête de l'armée. Lui resterait au palais, pour administrer. Mais la chaleur était déjà si écrasante ces derniers temps que David peinait à se concentrer. Certaines journées lui semblaient ne jamais vouloir s'achever.

Un après-midi, il s'allongea dans la fraîcheur de ses appartements à l'heure la plus chaude. Il se sentait incapable de travailler et, pourtant, l'inaction l'exaspérait. Il sortit donc sur ses terrasses, passant de l'une à l'autre, sans but, dans la lumière crue du soleil.

Il allait rentrer lorsqu'il entendit une mélodie claire et fraîche : le clapotis de l'eau. David chercha des yeux d'où ce réconfort provenait et aperçut une femme qui se baignait chez elle. La pièce où se trouvait le bassin était percée d'une petite fenêtre qu'une servante, le temps du bain, avait occultée d'un voile. Mais, selon la manière dont la brise jouait avec l'étoffe légère, le roi apercevait une épaule de la baigneuse, sa nuque, la courbe de son ventre éclaboussée de soleil…

Il se figea. Que cette femme était belle ! David ne parvenait pas à baisser le regard. Une vague de désir l'envahit. Si profonde et si forte que, déjà, il n'était plus temps pour lui de lutter. Il n'eut plus qu'une idée : savoir qui était cette beauté.

Il ne fallut pas longtemps aux serviteurs du palais pour rapporter au roi cette information :

– La femme s'appelle Bethsabée. Elle est l'épouse d'Urie le Hittite, l'un de tes plus vaillants généraux qui combat actuellement aux côtés de Joab.

– Je sais qui est Urie, répondit David agacé. Que son épouse vienne me voir.

Dans la soirée, Bethsabée se présenta au palais. Elle salua son roi, le regard baissé. David la félicita pour le courage de son mari et lui raconta quelques-uns des combats qu'ils avaient menés ensemble. Chaque nouvelle bataille, chaque détail stratégique lui offraient un peu plus de temps pour observer en détail celle qui paraissait devant lui. Pour chercher des yeux, sous la tunique et le voile, les courbes qu'il avait aperçues. Mais Bethsabée se tenait droite, à distance ; David alors se tut et lui saisit la main. Il lui parla de la couleur de sa peau, semblable à celle du lait des brebis dont il s'occupait, enfant. Elle possédait la même douceur, le même velouté… David laissa glisser ses doigts sur son bras.

– Viens, souffla-t-il à Bethsabée.

Et il l'entraîna vers sa couche.

Le lendemain, à l'aube, Bethsabée rassembla ses affaires à la hâte et se faufila hors du palais. Elle s'enferma chez elle. Quelques semaines plus tard, toutefois, elle dut écrire au roi : « J'attends un enfant. »

David se trouvait dans sa chambre quand il reçut la missive. Comment empêcher que sa faute devienne publique ? Comment la masquer ? Il arpenta la pièce tel un fauve en cage, puis ordonna :

– Qu'on aille chercher Urie, le général hittite. J'ai à lui parler.

Ainsi fut fait. Bientôt, Urie se présenta à David.

– Donne-moi des nouvelles de Joab et de l'armée,

lui demanda le roi. Comment se déroule la guerre ?

Urie raconta.

– C'est bien, conclut David. Je te remercie. Rentre chez toi cette nuit, afin de bien te reposer auprès de ta femme.

Et lui-même disparut dans ses appartements, satisfait.

Mais le lendemain, il découvrit qu'Urie avait dormi en compagnie de la garde royale, à l'entrée du palais. À nouveau, il le convoqua :

– Tu as mené de rudes combats et tu as fait une longue route, pourquoi n'es-tu pas rentré chez toi pour prendre un vrai repos, comme je t'y avais invité ?

– Ô mon roi, répondit Urie. Joab et ses soldats dorment à même le sol, en pleine campagne. Et moi, j'irais manger, boire et dormir bien confortablement en compagnie de ma femme ? Non ! Jamais je ne pourrais faire cela.

David fut profondément contrarié. Si le général hittite ne retrouvait pas Bethsabée ne serait-ce qu'une nuit, qui pourrait croire que l'enfant qu'elle portait était de lui ? Il ordonna alors à Urie :

– Reste encore ce jour près de moi. Je veux t'avoir à ma table ce soir. Demain, tu repartiras.

Dès que le jour faiblit, le roi l'enivra. Mais Urie dormit tout de même au palais.

– Tant pis pour lui, soupira David au petit matin.

Il rédigea une lettre qu'il pria le Hittite de remettre à Joab. Dès qu'Urie eut rejoint le champ de bataille, le général en chef en découvrit le contenu :

« Place Urie en première ligne, là où le combat est le plus violent, puis retire-toi en le laissant seul, afin qu'il soit atteint par l'ennemi. »

Ainsi fit Joab et Urie en mourut.

À l'annonce de cette nouvelle, Bethsabée, effondrée, prit le deuil. Peu de temps après, David l'épousa et l'enfant qu'elle mit au monde fut le sien.

David avait tout, désormais. Tout ce que Dieu lui avait donné, plus celle dont il s'était saisi. Néanmoins, du jour où il put étreindre librement Bethsabée, il ne connut plus le repos, craignant d'entendre la voix de Dieu…

Le roi, alors, s'étourdit de mille affaires et chercha à noyer son remords dans des flots de travail. À présent, il redoutait la moindre note, le moindre chant, craignant que le Seigneur ne s'en serve pour murmurer à son oreille.

David fuyait, et pourtant Dieu lui manquait terriblement. Il ne désirait rien plus profondément que de se confier à Lui et retrouver la paix. Mais la peur du jugement l'emportait. Le roi devint irascible, tourmenté, sans que rien ne réussisse à l'apaiser. Pas même son enfant. Pas même les bras de Bethsabée.

La joie quitta le palais. Mais Dieu, Lui, demeurait.

Un an s'écoula ainsi.

– Où est David ? !

Par une belle matinée de printemps, la voix de Nathan résonna dans le palais. Ignorant tout protocole, comme à son habitude, il était entré dans la demeure royale sans que personne ne songe à l'arrêter. Un prophète vient toujours de la part de Dieu. Nathan, les sandales encore recouvertes de la poussière du chemin, surgit dans la chambre du roi. David sursauta et, partagé entre la joie et la crainte, restait muet. Le prophète demanda sans détour :

– Sais-tu quelle injustice vient d'être commise dans ton royaume ?

– Non, s'étonna David.

Alors Nathan raconta :

– Non loin d'ici vivent deux hommes. L'un, très riche, dispose d'immenses troupeaux de bœufs et de moutons. L'autre n'avait qu'une petite brebis. C'est tout ce qu'il possédait. Il la nourrissait avec soin, dormait auprès d'elle… jusqu'à ce que le riche reçoive un étranger et se mette en devoir de préparer un banquet. Or cela l'ennuyait de devoir sacrifier l'une de ses bêtes pour l'occasion. Il s'est donc emparé de la brebis du pauvre et l'a fait cuire !

David s'étrangla :

– Cet homme mérite la mort !

– L'homme, c'est toi ! répliqua Nathan.

Le roi vacilla.

– Voici ce que déclare le Dieu d'Israël, continua le prophète d'une voix puissante. «Je t'ai consacré roi, je t'ai donné tout ce dont un souverain peut rêver. N'était-ce pas assez? Alors, pourquoi as-tu assassiné Urie le Hittite? Oui! Tu as tout organisé pour qu'il soit tué, je le sais! Puis tu as pris sa femme et tu l'as épousée. Alors écoute bien : dès maintenant, jamais la violence ne cessera de régner dans ta famille! »

David s'effondra. Sa faute se dressait à présent devant lui, tout entière. Le souffle court, il cacha son visage dans ses mains. La colère de Dieu le terrorisait et en même temps, confusément, il se sentait soulagé : Dieu, malgré sa faute, se souciait toujours de lui. Il ne l'avait pas abandonné.

– Seigneur, supplia David. Je suis coupable, je le reconnais. Je me suis éloigné de Toi.

Nathan se tut, longtemps. Puis il s'approcha du roi :

– Puisque tu reconnais ta faute, le Seigneur te pardonne. Mais l'enfant de Bethsabée, celui né de ton forfait, lui, mourra.

Et le prophète repartit.

CHAPITRE 13

SHALOM

L'enfant de Bethsabée ! David s'en était si peu soucié, jusqu'à présent. Il se précipita dans les appartements de la jeune mère. Elle était là, assise près de la terrasse. Le soleil ambrait ses bras de reflets de miel. Dans leur creux dormait un bébé. Ses joues étaient fraîches comme la chair des grenades et ses cuisses charnues comme deux dattes. Bethsabée accueillit David d'un sourire. Il caressa ses cheveux. Tout était calme, paisible, accordé à la respiration de l'enfant. David serra le corps de sa femme contre le sien et ne dit rien.

Dans les jours qui suivirent, le bébé tomba malade. David, aussitôt, se mit à genoux et supplia :

– Seigneur, épargne mon enfant !

Puis il se mit à jeûner, passant ses nuits à même le sol. Là, il suppliait encore :

– Seigneur, c'est contre moi que Tu es en colère, pas contre cet innocent. Renonce à le punir pour ma faute.

Les jours s'écoulèrent. Seuls les serviteurs les plus proches de David se faufilaient encore dans la pénombre de sa chambre. Ils tentaient de relever leur roi, de le faire manger. Ils lui présentaient les meilleurs mets. Mais David repoussait tout et s'affaiblissait. Alors les serviteurs s'attablèrent eux-mêmes dans les appartements royaux, laissant à dessein s'échapper de fins fumets, et ils invitaient David :

– Ô mon roi, partage avec nous ce repas…

Mais le roi sanglotait.

Une semaine plus tard, l'enfant mourut.

David était si hagard, si faible… Tous craignaient de lui annoncer la nouvelle. On chuchotait : « Comment s'y prendre ? » Le roi, qui finit par entendre, comprit.

– Mon fils est mort ? demanda-t-il.

– Oui, mon roi, répondit l'un des serviteurs en se tordant les mains.

David se releva de terre et ordonna :

– Que l'on m'apporte des vêtements.

Il prit un bain, se parfuma et se rendit au pied de l'Arche d'alliance. Là, les paumes tendues vers le ciel, il murmura :

– Seigneur, ces mains, Tu les connais. Elles ont combattu pour Toi, fait l'aumône, secouru. Elles ont aussi été complices du mal. Mais avec elles aujourd'hui, mon Dieu, je veux T'adorer.

Ensuite, il rentra chez lui, ordonna qu'on lui serve un repas et mangea.

Ses serviteurs en furent interloqués.

– Ô mon roi, risquèrent certains, lorsque ton fils était vivant, tu pleurais et jeûnais. À présent qu'il est mort, tu te relèves et tu manges ? !

– Tant que mon fils était en vie, répondit David, j'ai espéré que Dieu aurait pitié de lui. Maintenant, que puis-je faire pour qu'il revienne ? Rien ! Alors, pourquoi jeûner ?

Puis il rejoignit Bethsabée. Elle était dans ses appartements, chevelure dénouée, en larmes, enfermée dans son chagrin. David lui tendit la main, elle vint se blottir dans ses bras ; il la berça en chuchotant à son oreille…

Quelques mois plus tard, le ventre de Bethsabée s'arrondit à nouveau. Elle mit au monde un fils, signe du pardon de Dieu. David le nomma Salomon et tous se réjouirent : ce nom évoquait la paix, *shalom*.

Dès qu'il apprit la naissance, Nathan accourut au palais. Sans plus de manières que d'habitude, il pénétra dans la chambre de l'enfant. Bethsabée retint son souffle. Que venait annoncer le prophète? Celui-ci, se penchant sur le berceau, glissa son gros doigt dans une des minuscules menottes. Un sourire immense illumina son visage.

– Salomon, proclama-t-il, tu es aimé de Dieu. Aussi porteras-tu ce second nom : Yedidya[1].

À cet instant, David se souvint de cette autre parole de Dieu : «Je désignerai l'un de tes enfants pour te succéder et je rendrai ton trône inébranlable pour toujours.»

Le roi sourit. Ainsi s'accomplissait la promesse de Dieu.

1. *Signifie «aimé du Seigneur».*

ÉPILOGUE

David grelottait. Abisag, la toute jeune fille chargée de prendre soin de lui, avait beau amonceler les étoffes sur ses jambes et ses épaules décharnées, le vieux roi ne parvenait pas à se réchauffer.

– Quel est ce bruit que l'on entend au loin ? demanda-t-il.

Abisag fronça les sourcils. Elle avait espéré que David n'entendrait pas :

– C'est une fête, soupira-t-elle. Elle est donnée par Adonias, le quatrième de tes fils.

– Que de musique et de fumets ! s'étonna le vieil homme. Combien de bêtes a-t-il donc sacrifiées ?

– Plusieurs bœufs, des veaux gras et de nombreux moutons, répondit la jeune fille en baissant ses beaux yeux sombres. C'est que les invités sont nombreux, ajouta-t-elle comme pour excuser tant de faste. Adonias a convié tout ce que Juda compte d'hommes importants et tous ses frères…

– Sauf Nathan, Salomon et ma garde personnelle, la coupa le roi avant de se perdre en lui-même.

Abisag prépara une infusion de plantes sur le petit brasero.

– Que le miel de ce breuvage adoucisse tes pensées, mon roi, lui souffla-t-elle en le servant.

– Adonias me fait songer à son frère, Absalon, murmura David. Sais-tu, Abisag, ce que m'a promis un jour le Seigneur ?

Et le vieux roi cita d'une voix blanche : « La violence ne quittera plus jamais ta famille. »

La jeune fille n'avait jamais connu Absalon, mais à peine entrée au service du souverain, elle n'avait pas tardé à apprendre toute la vérité sur son histoire : Amnon, l'aîné des nombreux fils de David, était tombé follement amoureux d'une de ses sœurs et, après l'avoir prise de force, il l'avait abandonnée. Or, le roi n'avait pas puni Amnon. Absalon, son cadet, avait vengé l'offense en tuant son frère. David était entré dans une grande colère et le meurtrier s'était enfui.

Des années plus tard, Absalon reçut le pardon de son père et revint à Jérusalem. Mais, se sentant toujours méprisé par David, il s'insinua auprès de ceux qui montaient vers la ville sainte pour demander justice au roi. Il disait à chacun :

– Ta cause est bonne. Mais ici, personne ne t'entendra. Ah ! Si seulement je le pouvais, je te rendrais justice !

Le peuple, séduit par les promesses d'Absalon, lui donna sa confiance. Fort de cette popularité, le prince partit pour Hébron où il se fit proclamer roi. Puis il revint vers Jérusalem à la tête d'une armée. David préféra alors la fuite à la guerre civile. Mais le fils poursuivit le père et tous ceux qui lui étaient restés fidèles. La bataille devint inévitable.

Abisag observait David à la dérobée. Elle l'imaginait à cette époque tel qu'on le lui avait décrit : pieds nus et pleurant sur le mont des Oliviers, puis implorant Joab de laisser la vie sauve à son fils.

Les combats se déroulèrent dans les bois, ils furent d'une rare violence. Dans le feu de l'action, Joab passa par trois fois son épée au travers du corps d'Absalon.

Apprenant la nouvelle et malgré sa victoire, David s'effondra. Son général, furieux, somma le roi de montrer de la joie à ceux qui l'avaient soutenu.

David fut contraint d'obéir.

Abisag retira le bol vide des mains du vieil homme

et prit ses doigts noueux entre ses paumes pour les réchauffer. Comment réconforter le roi ? Il était clair aux yeux du peuple, de l'armée et de la cour qu'Adonias, son quatrième fils, cherchait à s'emparer du pouvoir à son tour. Sans souci ni de l'avis de Dieu, ni de celui de son père. Abisag avait vu la garde personnelle qu'il s'était constituée, ainsi que la manière dont le général Joab et la plupart des prêtres le suivaient. La faiblesse manifeste de David vis-à-vis de ce fils la peinait et, du haut de ses jeunes années, elle ne pouvait s'empêcher de juger son roi. Pourquoi ne demandait-il aucun compte à Adonias ?

Soudain, Bethsabée se fit annoncer. S'inclinant devant son époux, elle semblait bouleversée. David la regarda avec tendresse :

– Que désires-tu ? demanda-t-il.

Abisag se mit en retrait.

– Mon roi, répondit Bethsabée, tu avais promis que Salomon prendrait ta place sur le trône. Or Adonias se conduit comme s'il était roi. Si tu ne proclames pas publiquement le nom de celui qui te succédera, Salomon et moi serons traités comme des coupables lorsque tu ne seras plus là.

Abisag lut du désarroi sur le visage de David. Comme il tardait à répondre, Nathan surgit. S'inclinant à son tour devant son roi, l'air grave, il demanda :

– Qu'est-ce que j'apprends ? Adonias festoie avec

les chefs de l'armée, les prêtres et tous tes fils? Tous, sauf le prêtre Sadoq, Salomon et moi-même! Aurais-tu choisi ton successeur sans m'en informer?

David se redressa. Il regarda le vieux prophète, puis saisit la main de Bethsabée.

– Aujourd'hui même, annonça-t-il à son épouse, je réaliserai ce que je t'avais promis devant Dieu : Salomon prendra place après moi.

Puis, s'adressant à ses serviteurs :

– Rassemblez les gens de mon entourage et dites au prêtre Sadoq d'aller chercher la corne d'huile[1]. Puis menez Salomon à la source de Guihon. Là, Nathan, tu verseras l'huile sur sa tête. Ainsi Sadoq et toi le consacrerez roi.

À nouveau, Abisag se retrouva seule avec David. Tous deux gardèrent le silence; le vieil homme semblait avoir moins froid. Il s'assoupit un moment, lorsque, soudain, la ville résonna de cris de joie, du son des flûtes et des acclamations : «Vive le roi Salomon!» David se réveilla en sursaut et chercha à se lever. Il voulait aller à la fenêtre. La jeune fille le soutint.

– Sais-tu, Abisag, ce que Dieu m'a aussi promis? interrogea-t-il en marchant à petits pas.

– Non, répondit-elle.

---

1. *Corne de bélier ou de bovin, symbole de force, contenant l'huile dont on se sert pour l'onction.*

– «Si tes descendants me sont fidèles, toujours l'un d'entre eux régnera sur Israël», énonça le vieux roi.

Puis, atteignant la fenêtre, il offrit son visage aux rayons du soleil couchant et chercha du regard dans la foule celui qui lui succéderait : Salomon.

NOTE DE L'AUTEUR

L'histoire de David est l'un des récits les plus longs de la Bible – elle est d'ailleurs répartie sur plusieurs livres prophétiques.

Il m'était impossible, dans cet ouvrage, de narrer toutes les péripéties de la vie de ce personnage central de l'histoire du peuple juif. Comment, alors, décider des épisodes à mettre en valeur et de ceux à passer sous silence ? L'exercice a de quoi impressionner.

Les exégètes s'accordent pour dire que l'analyse des livres de Samuel et des Rois révèle que ces ouvrages ne sont pas nés en une seule fois. Ils ont été rédigés par étapes, grâce à différents livres et récits issus de milieux très différents.

J'ai tout d'abord dû faire des choix d'ordre chronologique.

Dans ce roman, par exemple, lors de la bataille dans la vallée du Térébinthe, scène par laquelle je fais débuter l'histoire, David et Saül ne se connaissent pas encore. Or, dans la Bible, cet épisode est précédé par l'arrivée du jeune pâtre au palais, où il commence à chanter ses psaumes au roi. Mais au campement militaire, quelque temps plus tard, Saül semble ne pas connaître David. Il demande à Abner : « De qui ce garçon est-il le fils ? » « Je n'en sais absolument rien », répond le général.

Ensuite, j'ai choisi d'omettre de nombreux épisodes, soit parce qu'ils ne sont pas directement liés au personnage de David – comme les circonstances de la mort de Saül, par exemple –, soit parce qu'ils complexifient trop l'histoire et en ralentiraient le rythme – comme tous les changements de lieux lors de l'errance, les différentes étapes du voyage du coffre sacré de Baala à Jérusalem, la liste des différentes épouses et des nombreux fils de David (à cette époque, la puissance d'un roi se mesurait aussi à la taille de son harem)…

Par ailleurs, je me suis inspirée des psaumes – cette collection de prières et de chants dont la plupart sont attribués à David par la tradition – pour écrire les répliques de David. Notamment des psaumes 7, 16, 17, 22…

Enfin, j'ai souhaité terminer ce roman (hors épilogue) par la naissance de Salomon, car c'est par cet enfant que passe la dynastie de David.

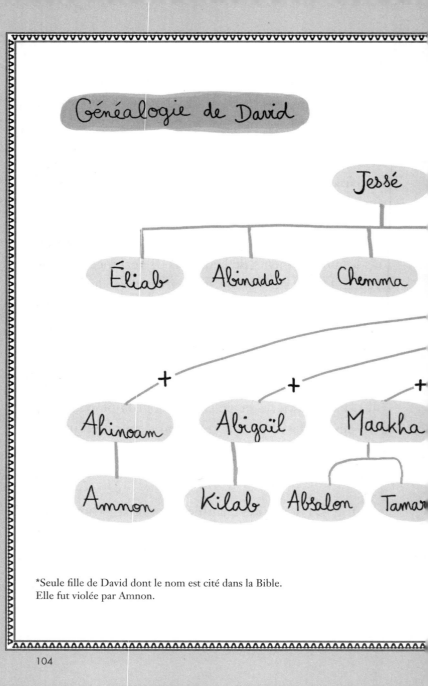

Généalogie de David

Jessé

Éliab   Abinadab   Chemma

Ahinoam   Abigaïl   Maakha

Amnon   Kilab   Absalon   Tamar

*Seule fille de David dont le nom est cité dans la Bible.
Elle fut violée par Amnon.

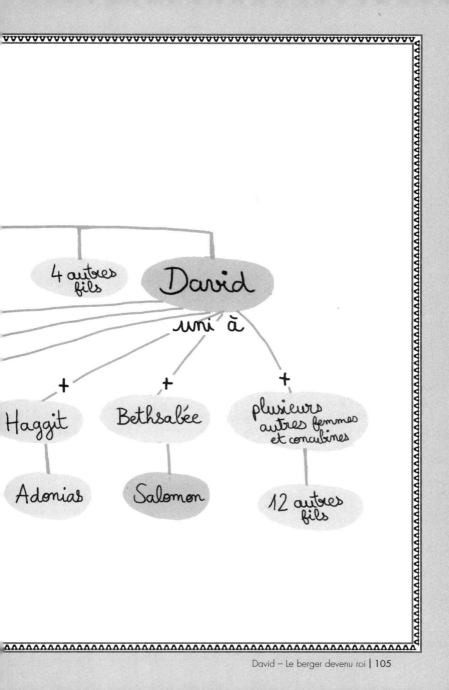

4 autres fils

David
uni à

+ Haggit
+ Bethsabée
+ plusieurs autres femmes et concubines

Adonias

Salomon

12 autres fils

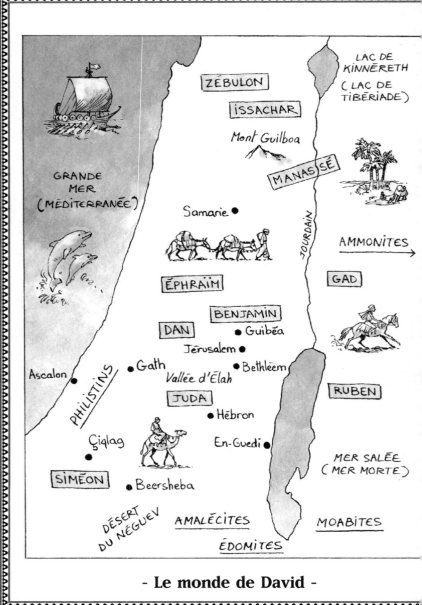

LAC DE KINNÉRETH (LAC DE TIBÉRIADE)

ZÉBULON

ISSACHAR

Mont Guilboa

MANASSÉ

GRANDE MER (MÉDITERRANÉE)

Samarie

JOURDAIN

AMMONITES

ÉPHRAÏM

GAD

BENJAMIN

DAN • Guibéa

Jérusalem •

Ascalon • • Gath • Bethléem

Vallée d'Élah

JUDA

RUBEN

• Hébron

Çiqlag • En-Guedi •

SIMÉON • Beersheba

MER SALÉE (MER MORTE)

DÉSERT DU NÉGUEV AMALÉCITES MOABITES

ÉDOMITES

PHILISTINS

- Le monde de David -

POUR MIEUX
CONNAÎTRE

DAVID

L'ORIGINE DE DAVID

David (*DWD* en hébreu, le «bien-aimé» – les voyelles ne sont pas notées) est le premier personnage de la Bible dont l'existence historique est quasi incontestable. Les analyses archéologiques récentes (*Les Rois sacrés de la Bible*, d'Israël Finkelstein et Neil Asher Silberman, 2006) prouvent qu'il a sans aucun doute vécu au Xe siècle avant J.-C., ce qui correspond à la datation traditionnelle (1040-970 av. J.-C.). Et surtout, son nom figure dans une inscription du IXe siècle avant J.-C., découverte en 1993 à Tel Dan. Ce document extrabiblique célèbre la victoire du roi d'Aram-Damas sur la «Maison de David», confirmant ainsi l'existence, à la tête de Juda, d'une dynastie dont l'origine remonte bien à un roi David.

En revanche, il apparaît qu'un grand nombre d'aspects importants de son histoire (l'extension et l'administration de son royaume, les travaux menés à Jérusalem) sont tout à fait légendaires.

David dans la Bible* hébraïque

David nous est connu par plusieurs livres du Tanakh (Bible hébraïque). Dans Neviim (les « Prophètes »), sa vie nous est contée par les deux livres de Samuel et le début du premier livre des Rois. Son nom est par la suite souvent cité par différents prophètes (Isaïe, Jérémie, etc.). Par ailleurs, dans les Ketouvim (les « Écrits », ou Hagiographes) figurent les Psaumes*, dont David aurait composé environ la moitié, et le premier livre des Chroniques qui lui est entièrement consacré.

La fin du premier livre de Samuel (I Sam, 16-31) développe les premiers hauts faits de David et ses combats jusqu'à la mort de Saül, le second conte les étapes de son accession à la royauté, puis ses conquêtes ; quant au début du livre des Rois, il relate les derniers moments de David, la lutte pour sa succession qui oppose Adonias à Salomon.

David est présenté comme un guerrier d'une piété exemplaire et un roi accompli, en outre musicien et poète. Tous les meurtres qui lui permettent d'accéder au pouvoir sont imputables à d'autres — sans qu'aucun crime n'entache sa sainteté. Sa trahison — son alliance avec les Philistins — trouve sa justification dans la lutte qu'il mène contre les autres peuples ennemis des Hébreux. Le seul crime dont il est clairement coupable est celui d'Urie le Hittite, conséquence de sa liaison adultère avec Bethsabée.

Détenteur de la promesse divine, David est le fondateur d'un royaume puissant et prospère, réunissant pour la première fois le territoire des douze tribus autour de sa nouvelle capitale, Jérusalem. Ses successeurs rêveront de ce royaume, qui se serait étendu « de Dan à Beersheba ».

Par la suite, les grands prophètes (VIIIᵉ-VIᵉ s. av. J.-C.) l'invoquent plutôt comme modèle de piété et de justice, et affirment que c'est de sa dynastie que naîtra le sauveur d'Israël, le Messie*. Ils n'annoncent pas tant la venue d'un chef guerrier apte à reconquérir le royaume terrestre d'Israël, que celle d'un guide spirituel capable de rétablir l'unité religieuse et d'instaurer un monde apaisé (Isaïe, 11, 1-10 ; Jérémie, 23, 5-6 ; Ézéchiel, 34, 23-24).

David dans la littérature juive rabbinique*

Généralement, pour aller plus loin dans la compréhension d'un épisode biblique, il est utile de consulter les commentaires et les récits (*midrashim*, dont l'ensemble forme le Midrash*), réunis dans la littérature rabbinique dès la chute du second Temple* (70 ap. J.-C.), et qui complètent le Tanakh, souvent avare d'explications et de détails.

Dans le cas de David, les nombreux commentaires rabbiniques insistent, davantage encore que ne le fait la Bible, sur la force et la sainteté du roi, et cherchent à adoucir les ombres de son portrait (déjà le rédacteur des Chroniques en avait gommé tout aspect négatif). Par exemple sa passion pour Bethsabée et l'assassinat d'Urie.

Ainsi, un midrash explique que Bethsabée avait été promise à David dès le sixième jour de la Création (du monde et de l'homme), et que leur liaison n'était donc pas un véritable adultère. La seule faute de David consistait à n'avoir pas attendu que Bethsabée fût tout à fait prête pour ce mariage – à savoir que son premier mari fût mort.

Un autre explique qu'Urie, avant de partir pour la guerre, aurait donné à son épouse une lettre de divorce, de sorte qu'elle puisse se remarier s'il disparaissait. Elle aurait donc été virtuellement divorcée quand David l'avait approchée.

David selon le christianisme

David conserve dans le christianisme les caractéristiques qui sont les siennes dans le judaïsme : oint du Seigneur, combattant de Dieu et vainqueur de Goliath, roi saint, auteur des Psaumes ; quant à sa liaison adultère, c'est grâce (en quelque sorte) à ce scandale que David se montre un modèle de repentance ! Il est donc auréolé de sainteté, et fort de la promesse divine de confier à sa descendance la royauté sur Israël. Israël, aux yeux du christianisme, c'est l'ensemble de la communauté chrétienne.

Or David est aussi et surtout l'ancêtre de Joseph, époux de Marie et père terrestre de Jésus-Christ – Jésus qui naît à Bethléem, comme David. Cette ascendance est figurée par l'«arbre de Jessé», arbre généalogique souvent représenté dans l'art chrétien (vitraux), partant du père de David pour s'épanouir avec la venue au monde de Jésus.

David dans l'islam

David (*Daoud* en arabe) est l'un des grands prophètes de l'islam. Comme Moïse et comme Jésus, David a reçu la révélation d'un texte sacré, en l'occurrence le *Zabur* (ce pourrait être le livre des Psaumes). Son nom est mentionné à de nombreuses reprises dans le Coran* (sourates 2, 21, 27, 34, 38). Il est cité pour sa sagesse, sa justice, la beauté de son chant et sa piété ; il est un exemple pour les fidèles, eu égard à sa manière de prier et de jeûner.

Le personnage de David occupe ainsi une place très importante dans chacune des religions monothéistes. Qu'en est-il dans l'imaginaire des civilisations où se développèrent ces religions ?

LES VOYAGES DE DAVID À TRAVERS LES ARTS

Du Moyen Âge à nos jours, David a été un grand sujet d'inspiration pour tous les arts, tout particulièrement en Europe.

Littérature

Parmi une production théâtrale assez abondante, mais sans éclat, retenons :
- *Mystère* du Vieil Testament* (XVᵉ s.) ;
- *Saül* (1755), tragi-comédie satirique de Voltaire ;
- *Saül* (1783), de Vittorio Alfieri (Italie) ;
- *Saül* (1903) et *Bethsabé* (1908), d'André Gide.

À côté de ces œuvres dramatiques, citons aussi deux romans de 1984 :
- *Dieu sait,* alerte récit de Joseph Heller (États-Unis) ;
- *Bethsabée,* plus sombre, de Torgny Lindgren (Suède).

Arts plastiques

Les plus anciens portraits de David sont peints à fresque (*David roi*, synagogue de Doura Europos, Syrie, IIIᵉ s.) ou représentés sur des pavements de mosaïque (*David musicien*, synagogue de Gaza, VIᵉ s.). Mais ces exemples sont rares, car le judaïsme comme l'islam répugnent à la représentation de la figure humaine.

Il n'en va pas de même du christianisme, et parmi tous les tableaux ou statues de David créés en Europe, on compte bon nombre de chefs-d'œuvre.

• **Au Moyen Âge**, plus religieux, c'est plutôt David roi, couronné, souvent muni de sa cithare, qui est représenté sur toutes sortes de supports : ivoire sculpté (couverture du *Psautier de Dagulf*, fin VIIIe s.), vitraux (cathédrale d'Augsburg, début XIIe s.), enluminures (Bible de Worms, 1160), sculptures (chœur de la cathédrale d'Albi, 1474-1485).

• **À la Renaissance** et **à la période moderne**, innombrables sont les scènes représentées : l'onction de David, le berger David, David contre Goliath, David et Jonathan, David jouant de la cithare, Saül tentant de tuer David, David conduisant l'Arche à Jérusalem, David et Bethsabée, David et Salomon… Ne pouvant citer toutes les œuvres, nous nous limiterons à celles qui, traitant le sujet le plus célèbre, s'intitulent ***David et Goliath***.

– **Peinture**

Nous retiendrons, entre tous les artistes qui ont peint les différentes phases de cette scène : le Titien (1540), Daniele da Volterra (tableau à double face, vers 1550), Guido Reni (1603-1604), le Caravage (nombreux tableaux en 1599, 1607, 1609-1610), Peter Paul Rubens (1616), Claude Vignon (1620).

– **Sculpture**

Les trois œuvres les plus fameuses figurent David à un moment différent de sa rencontre avec Goliath : Donatello

montre le jeune homme vainqueur (bronze, 1430-1432) ;
Michel-Ange l'a fixé tel qu'il pouvait être plutôt avant le combat
(marbre, 1501-1504) ; le Bernin enfin l'a sculpté en plein effort,
au moment où il tend sa fronde (marbre, 1623-1624).

Musique

Le roi musicien a également inspiré de très nombreuses œuvres
musicales, de la Renaissance à nos jours. Citons le motet de
Josquin des Prés (vers 1500) *Planxit autem David* (plainte de
David sur la mort de Saül et Jonathan) ; ainsi que les oratorios de :

– Georg Friedrich Haendel : *Saül* (1739) ;
– Wolfgang Amadeus Mozart : *Davide penitente* (1785) ;
– Arthur Honegger : *Le Roi David* (1921) ;
– Darius Milhaud : *David* (1952).

Ajoutons que David est encore chanté aux États-Unis :

– «**Lit'le David, Play on Your Harp**», negro-spiritual (chant
religieux afro-américain) ;

– «**Hallelujah**», de Leonard Cohen (album *Various Positions*,
1984).

Cinéma

Le cinéma et la télévision n'ont pas oublié David. Les réalisa-
tions les plus récentes présentent un intérêt modéré, on retiendra
David et Bethsabée (1951), de Henry King, avec Gregory Peck.

Cette abondance d'œuvres témoigne de l'extraordinaire
vitalité de David. Mais est-ce bien toujours le même personnage que nous retrouvons au fil du temps et des créations ?

DU BERGER AU ROI, DU ROI À L'HOMME

Les figures de David sont diverses et contrastées : jeune pâtre, que l'on imagine volontiers adolescent aussi candide que courageux ; tendre camarade de Jonathan ; guerrier valeureux, humble devant son roi et plus encore devant Dieu ; chef charismatique d'une bande de hors-la-loi, avant de devenir celui des armées israélites conquérantes ; roi exemplaire de piété, instrument de la volonté divine ; amoureux de Bethsabée jusqu'au crime ; père au cœur déchiré par les rébellions de ses fils ; vieux roi enfin, décrépit et quasi impotent.

Toutes ces figures ont inspiré théologiens et artistes. Nous ne retiendrons que celles où l'image de David a évolué de façon notable.

David contre Goliath : le jeune héros

Lorsque, dans la vallée d'Élah (ou vallée du Térébinthe), David affronte quasiment à mains nues – avec sa fronde et sa foi en Dieu – un géant lourdement armé, la victoire du jeune homme est pour les théologiens et les croyants celle de la puissance divine (comme le montre le Titien, peignant son David tout entier tourné vers le ciel à l'issue du combat).

Si quelques artistes, tel Rubens, n'hésitent pas à représenter David en homme fait, doté d'une musculature puissante, la plupart en revanche font de sa victoire celle de la jeunesse, triomphante et sensuelle chez Donatello, plus farouche pour le Caravage.

Plus près de nous, pour J. Heller par exemple, la victoire de David est surtout celle de l'habileté – et de l'intelligence – face à la force brute et stupide !

Enfin, aux yeux des fidèles, puis des profanes, elle est devenue l'expression d'une espérance : celle des faibles qui luttent pour faire éclater leur bon droit face à l'iniquité des forts et des puissants.

David et Jonathan, les compagnons d'armes

L'amitié profonde qui lie David et Jonathan a souvent fasciné les lecteurs de la Bible, pas toujours pour les mêmes raisons.

Dans l'Antiquité puis au Moyen Âge, alors que le rôle des femmes était plus ou moins réduit à la procréation, on nommait couramment «amour» l'amitié et la camaraderie viriles, qu'elles soient accompagnées de relations sexuelles comme c'était parfois le cas dans l'Antiquité ou libres de toute relation charnelle au Moyen Âge.

Le lien de confiance et d'admiration mutuelle qui unit Jonathan et David dès leur rencontre, la noblesse des deux personnages, qui ne se trahissent jamais l'un l'autre, la souffrance qui suit leur séparation, la douleur enfin de David à la mort de Jonathan – tous ces traits dessinent une amitié exemplaire, propre à émouvoir des générations d'hommes.

Devons-nous voir dans cette amitié une relation homosexuelle ? Nombreux sont ceux qui, malgré la condamnation formelle de l'homosexualité dans la Bible, le pensent (le Pr Thomas Römer, par exemple, de nos jours). Ou qui s'en réclament : «David et Jonathan» est le nom d'un mouvement homosexuel chrétien. Mais ce n'est pas vrai pour tout le monde (les autorités religieuses en particulier), et ce n'est certainement pas à nous de trancher !

David, roi de droit divin

Si David est le modèle – rarement égalé – des rois de Juda à partir des VIIIe-VIIe siècles avant J.-C., il l'est devenu plus encore pour les rois chrétiens à partir du Moyen Âge.

Ses qualités de bravoure, de vertu et de piété en font d'abord l'un des exemples de parfait chevalier, au point d'être compté au XIVe siècle parmi les «Neuf Preux», modèles de chevalerie qui réunissent trois héros de l'Antiquité païenne, trois personnages de la Bible hébraïque et trois rois chrétiens. Plus tard, certains des noms de ces Preux seront attribués aux figures des jeux de cartes, et c'est ainsi que le Roi de pique sera nommé David.

Plus encore, David est la référence du «très chrétien» roi de France, qui se veut, comme lui, investi de la royauté par la volonté divine – ce que manifeste l'onction qu'il reçoit avant d'être couronné.

David et Bethsabée : le roi amoureux

La Bible rapporte certaines des rencontres de David avec une femme qu'il épouse par la suite : ainsi d'Abigaïl par exemple, qui vient lui apporter son aide (contre la volonté de son mari encore en vie : I Sam, 25). Elle nous rapporte aussi l'amour de Mikhal pour lui, assez fort pour que la jeune femme s'oppose à Saül, son père. Mais rien n'est jamais dit d'un sentiment amoureux de David à l'égard d'aucune de ses femmes. Il a beaucoup d'épouses et de concubines pourtant, mais ces unions sont clairement politiques. À travers elles, il noue alliance avec l'une ou l'autre des tribus israélites.

Rien de tel avec Bethsabée. La passion charnelle, irrépressible, de David pour cette femme est d'autant plus condamnable qu'elle mène David au meurtre (dont l'interdit, comme celui de l'adultère, est l'un des dix commandements* divins). Elle étonne profondément de la part de ce roi si soumis à Dieu et à sa Loi. Mais ce qui est encore plus surprenant, c'est que cette union est finalement bénie, puisque c'est d'elle qu'est issu le deuxième « roi sacré » de la Bible, le sage Salomon, qui élèvera à Dieu le Temple de Jérusalem.

Comment comprendre cette apparente incohérence ?

Nous avons vu que les sages juifs ont justifié par divers biais cette union au premier abord choquante. Il est difficile en effet d'incriminer David, et il est tout aussi difficile d'incriminer Bethsabée, puisqu'elle est mère de Salomon !

D'autres ont vu dans cet épisode la peinture de l'humanité défaillante, puisque même David, le roi pieux, n'échappe pas à la pire des fautes, pas plus qu'il n'échappera à l'impuissance de la vieillesse. C'est aussi la reconnaissance et l'acceptation par Dieu de cette humanité réelle, avec ses faiblesses, son penchant à faire le mal – à condition que les hommes sachent se repentir de leurs fautes.

C'est encore une illustration de cette particularité de la Bible hébraïque, qui souvent semble répugner à embellir les personnages même les plus sacrés, et leur conserve un caractère complexe et imparfait – un caractère humain.

* * *

Ainsi pouvons-nous suivre David à travers le temps, héros humble et glorieux, vaincu dans la force de l'âge par sa passion pour Bethsabée et dans sa vieillesse par l'amour qu'il porte à ses fils. Ce personnage multiforme nous séduit aujourd'hui encore, et reste une source d'inspiration toujours vivante.

LEXIQUE

Alliance : dans la Bible hébraïque, «contrat» passé entre Yahvé et l'ensemble des êtres vivants : Dieu ne détruira plus la terre, mais les hommes doivent s'efforcer d'obéir aux sept lois fondamentales. Cette alliance est rappelée par l'arc-en-ciel.

Le même mot désigne aussi le «contrat» passé entre Yahvé et le peuple d'Israël par l'intermédiaire d'Abraham, d'Isaac et de Jacob (les Patriarches), puis renouvelé avec Moïse (le prophète qui libéra ce peuple de l'esclavage). Cette alliance est matérialisée dans le judaïsme par la circoncision de chaque enfant mâle au huitième jour de sa vie (pratique instituée par Abraham, le premier Patriarche).

Selon les chrétiens, cette alliance n'est que la première. En effet, ils ont noué, eux, une «nouvelle alliance» avec Dieu, en suivant la doctrine de Jésus, son fils et son Messie. Cette alliance est matérialisée par le baptême.

Arche d'alliance : voir les **Dix Commandements**.

Bible : livre sacré du judaïsme et du christianisme, nommé d'après le grec *biblia*, «les livres».

La partie la plus ancienne est la **Bible hébraïque** ou **Tanakh**, Ta-Na-Kh étant l'acronyme des trois parties qui la composent : Torah (la Loi), Neviim (les Prophètes) et Ketouvim (les Écrits, ou Hagiographes). Selon les juifs, la Torah a été écrite par Moïse, la suite étant plus tardive. Selon les travaux les plus récents de la critique, le texte est pour l'essentiel une compilation de matériaux anciens, dont l'élaboration a commencé au VIIe siècle avant J.-C., et dont la mise en forme a été achevée au IVe siècle de notre ère. La langue utilisée est l'hébreu, avec quelques passages en araméen (langue administrative de l'Empire perse après le VIe s. av. J.-C.).

Au IIe siècle avant J.-C. a vu le jour, à l'usage des Juifs d'Alexandrie, une traduction grecque, dite Bible des Septante, qui présente quelques différences avec le Tanakh. C'est cette traduction qui est devenue l'**Ancien** ou **Premier Testament** catholique et orthodoxe. Les protestants, eux, ont adopté la Bible hébraïque.

À cet Ancien ou Premier Testament est venu s'ajouter pour les seuls chrétiens le **Nouveau Testament**, qui relate l'avènement de Jésus-Christ. Il contient les quatre Évangiles, les Actes des Apôtres, les Épîtres et l'Apocalypse de Jean (composés en grec aux Ier-IIe s. de notre ère), et a été définitivement fixé au Ve siècle.

Cet ensemble a été diffusé dans le monde romain grâce à la Vulgate, traduction en latin établie à partir de l'hébreu et du grec par Jérôme de Stridon entre 382 et 405. C'est la version officielle de l'Église catholique.

Circoncision : opération qui consiste à ôter le prépuce (membrane qui entoure l'extrémité du membre viril). Elle est pratiquée pour obéir à une prescription religieuse dans le judaïsme (voir «Alliance») et dans l'islam, ou par nécessité médicale.

Commandements (les Dix – ou Décalogue) : lois fondamentales qui auraient été tracées par le doigt de Dieu sur les Tables de la Loi, que Moïse reçut au mont Sinaï. Ces Tables étaient transportées dans l'Arche d'alliance jusqu'à la construction du Temple.

Le Décalogue comporte, entre autres, l'interdiction de tuer, de commettre l'adultère, et plus généralement de convoiter le bien d'autrui.

Coran : livre saint de l'islam. Divisé en cent quatorze chapitres nommés «sourates», il regroupe les paroles de Dieu *(Allah)* révélées au prophète de l'islam, Mahomet *(Muhammad)*, par l'intermédiaire de l'archange Gabriel, au tout début du VIIᵉ siècle. Le Coran se réfère souvent à des épisodes et à des personnages bibliques, particulièrement ceux de la Bible hébraïque. Juifs et chrétiens y sont désignés comme «gens du Livre», le *Livre* étant la Bible.

Dieu : unique et universel selon les religions monothéistes, judaïsme, christianisme, islam. Dans la Bible hébraïque, il est désigné par un *tétragramme* («quatre lettres», en grec) transcrit YHWH, et prononcé (avec des voyelles) Jéhovah ou Yahvé par les chrétiens. Pour les juifs en revanche, le caractère sacré du tétragramme interdit de le prononcer, et on le remplace à la lecture par différents noms ou qualificatifs : le Seigneur, l'Éternel, etc.

Le polythéisme, au contraire, reconnaît plusieurs dieux, chacun ayant son propre champ d'action et ses attributs.

Hébreux : premier nom des Israélites, utilisé surtout dans la Torah. Ce peuple de nomades serait venu de Mésopotamie, aurait transité par Canaan et par l'Égypte avant de revenir se fixer en Canaan (territoire du Proche-Orient situé entre la Méditerranée et le Jourdain).

Israël (« fort contre Dieu ») : nom donné à Jacob (le troisième des Patriarches, ancêtres et fondateurs du peuple juif) après qu'il a lutté contre un ange. Dix de ses fils sont les ancêtres éponymes des tribus juives de Ruben, Siméon, Juda, Dan, Naphtali, Gad, Asher, Issachar, Zébulon et Benjamin. Le onzième, Joseph, n'a pas donné de nom à une tribu, au contraire de ses premiers fils : Éphraïm et Manassé. Enfin, les Lévites (descendants de Lévi) se répartissent dans les autres tribus, en y assumant des fonctions religieuses.

Après la mort du roi Salomon, le royaume (formé de la réunion des douze tribus) fut divisé en deux, et la partie nord prit le nom d'Israël, le sud celui de Juda. Après la conquête du nord par les Assyriens (VIIIᵉ s. av. J.-C.), Israël désigna progressivement l'ensemble de la communauté juive, tandis que Juda continuait de désigner le pays que peuplaient les Judéens.

Dans la Bible hébraïque, **Israélites** signifie « fils d'Israël » et désigne les membres de l'une des douze tribus issues de Jacob. Ce n'est qu'à partir du xve siècle que le terme « israélite » désigne les adeptes du judaïsme, et devient l'équivalent du mot « juif », dérivé de « judéen ».

Messie : de l'hébreu *mashiah* « oint », « enduit », traduit en grec par *christos*. Le mot désigne d'abord le grand prêtre consacré par une onction (avec une huile elle-même consacrée) ; les rois d'Israël reçurent également l'onction, ainsi que les prophètes. Selon le judaïsme, le Messie, issu de la lignée de David, amènera une ère de paix et de bonheur, un monde nouveau. Les chrétiens sont ceux qui ont reconnu en Jésus le Messie, le Christ attendu, au contraire des juifs, qui l'espèrent toujours.

Midrash : commentaires oraux du Tanakh, mis par écrit dans le Talmud et différents autres traités dans la littérature rabbinique.

Mystère : au Moyen Âge, drame biblique représenté sur le parvis des églises, pour l'édification des fidèles, à l'occasion des fêtes religieuses chrétiennes (Pâques, Noël…).

Philistins : peuple établi aux temps bibliques sur le littoral sud de Canaan, vivant dans des cités-États. On suppose aujourd'hui qu'il serait l'un des « peuples de la mer » venus de

Crète ou de Chypre jusqu'en Égypte. Le nom de ce peuple est à l'origine du nom donné plus tard à ce territoire : Palestine.

Prophète, prophétie : le prophète est celui qui comprend la volonté divine, et peut donc la transmettre au reste de la population. La prophétie est l'expression de cette volonté.

Psaumes : premier livre des Ketouvim (les Écrits, troisième partie de la Bible hébraïque), il contient cent cinquante poèmes religieux, dont plus de la moitié auraient été composés par le roi David – poèmes que l'on récite ou que l'on chante lors de cérémonies religieuses juives et chrétiennes.

Rabbinique (littérature) : les rabbins sont les docteurs de la Loi juive. Après la destruction du Temple, c'est leur enseignement qui est devenu, avec le Tanakh, le socle de la religion juive, dite judaïsme rabbinique. Cet enseignement, d'abord oral (il se poursuit aujourd'hui encore), est au fil du temps fixé par écrit dans divers traités, les plus anciens étant réunis dans le Talmud. Les commentaires expriment des points de vue différents, parfois divergents ou même contradictoires. Ces commentaires peuvent aussi s'accompagner d'anecdotes ou de digressions qui servent aussi bien à illustrer le propos qu'à réveiller l'intérêt des fidèles.

Sacrifice : offrande à Dieu d'un animal qu'on tue en son honneur. Sauf dans le cas de l'holocauste, la chair cuite est consommée par le sacrifiant, sa famille et les sacrificateurs. On offre un sacrifice pour trois raisons : en signe de soumission à Dieu, d'action de grâces (de remerciement) ou de repentir pour une faute commise involontairement.

Le sacrifice humain, pratiqué autrefois dans certaines religions, est totalement interdit dans les religions monothéistes.

Tables de la Loi : voir les **Dix Commandements**.

Temple : désigne pour les juifs le Temple de Jérusalem. Pendant longtemps, les Juifs transportaient avec eux l'Arche d'alliance, signe de la présence de Dieu à leurs côtés. C'est le roi Salomon (xe s. av. J.-C.) qui fit construire le premier Temple à Jérusalem pour y abriter l'Arche. Là officiaient les prêtres (les *cohanim*), là avaient lieu les offrandes et, sur l'esplanade, les sacrifices. Le premier Temple fut détruit en 587 avant J.-C. par Nabuchodonosor II. À la fin de l'Exil, un second Temple fut rebâti (520-515 av. J.-C.), puis agrandi et embelli par Hérode le Grand (fin du Ier s. av. J.-C.). Mais, en 70 après J.-C., ce Temple fut à nouveau rasé par le général romain Titus, cette fois-ci définitivement.

L'AUTEUR
Quitterie **Simon**

Adolescente, je n'aimais pas aller au collège sauf en cours de français. Surtout quand j'étais punie par un professeur qui obligeait les étourdi(e)s à inventer un texte et à le réciter – avec le ton ! – devant toute la classe. J'en ai gardé le goût de l'écriture et un côté tête en l'air.

Aujourd'hui, j'ai trouvé très riche de travailler à partir de la Bible. Et si j'ai choisi de raconter l'histoire de David, c'est tout d'abord parce que j'aime que l'élu de Dieu soit un berger, un enfant, celui qu'on ne pense même pas à présenter. Ensuite, parce que toute sa vie, malgré les honneurs et les succès, cet homme saura rester simple et tout recevoir de Dieu. Il continuera à danser quand il est heureux, à pleurer quand l'ami meurt, à dormir à même le sol en signe de repentance Enfin, parce que le roi du peuple élu, malgré toute sa bonne volonté et ses grandes qualités, n'est pas parfait.

Du même auteur :

Paul de Tarse : le voyageur du Christ, Mame.
Le Violon sans papier, coll. « Poche cadet », Milan.
Pas d'école pour Tisha, coll. « Poche cadet », Milan.

TABLE DES MATIÈRES

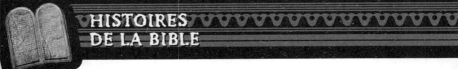

DANS LA MÊME COLLECTION

MIXTE
Papier issu de
sources responsables
FSC® C022030

© Editions Nathan (Paris, France), 2013
Loi n° 49-956 du 16 juillet 1949 sur les publications destinées à la jeunesse.
ISBN 978-2-09-254630-7

N° éditeur : 10189982 – Dépôt légal : avril 2013
Imprimé en France par la Nouvelle Imprimerie Laballery - 58500 Clamecy
N° impression : 303034

La Nouvelle Imprimerie Laballery est titulaire de la marque Imprim'Vert®